한여름의 추억

한 여 름 의　추 억

한가람 대본집

초판 1쇄 발행 2018년 2월 14일
초판 2쇄 발행 2018년 3월 9일

지은이 | 한가람
펴낸이 | 金湞珉
펴낸곳 | 북로그컴퍼니
편집부 | 김옥자·서진영·김현영
디자인 | 김승은·송지애
마케팅 | 이예지·김은비
경영기획 | 김형곤
주소 | 서울시 마포구 월드컵북로1길 60(서교동), 5층
전화 | 02-738-0214
팩스 | 02-738-1030
등록 | 제2010-000174호

ISBN 979-11-87292-90-6 03680

· 이 도서의 국립중앙도서관 출판예정도서목록(CIP)은 서지정보유통지원시스템 홈페이지 (http://seoji.nl.go.kr)와 국가자료공동목록시스템(http://www.nl.go.kr/kolisnet)에서 이용하실 수 있습니다.(CIP제어번호: CIP2018003370)

한여름의 추억

한가람 대본집

북로그컴퍼니

일러두기

* 이 책은 2017년 12월 31일 JTBC 드라마페스타로 선보인 2부작 드라마《한여름의 추억》 대본집입니다. 전반부에는 빛나고도 아팠던 사랑의 기억을 아름답게 담아낸 2부작 대본을 드라마의 명장면과 함께 싣고, 후반부에는 총 4회로 구성된 원작 대본을 실었습니다. 원작 대본에는 드라마에서 볼 수 없었던 '세진'과 '래희' 등의 인물이 등장하여 또 다른 시선, 또 다른 감각으로 한여름을 추억하게 합니다.
* 이 책의 편집은 한가람 작가의 드라마 대본 집필 형식을 최대한 따랐습니다. 드라마 대사는 글말이 아닌 입말임을 감안하여, 한글맞춤법과 다른 부분이라 해도 그 표현을 살렸습니다. 사투리, 외래어, 신조어와 함께 구어체 표현 등이 이에 해당합니다. 또한 쉼표, 느낌표, 마침표, 줄임표 등과 같은 구두점도 작가의 의도를 따랐습니다.

용어 정리

몽타주 　편집 용어의 하나로, 따로따로 편집된 장면들을 짧게 끊어서 붙이는 편집 과정과 그 과정을 거쳐 완성된 화면을 아울러 몽타주(Montage)라고 한다.

플래시 컷 　화면과 화면 사이에 삽입한 짧은 컷. 화면의 속도를 증대시키거나 긴박감의 표현, 시각적인 충격 효과 등을 배가하기 위해 사용한다.

E 　대사와 음악을 제외한 효과음(Effect)을 뜻하며, 보통 등장인물은 보이지 않고 소리만 나는 경우에 사용한다.

NA 　내레이션(Narration)을 지칭하는 용어로, 장면 밖에서 들려오는 목소리를 나타낸다.

O.S 　오버 더 숄더 샷(Over the shoulder Shot)의 줄임말로 한 인물의 어깨 너머로 상대방의 모습을 포착한 장면을 가리킨다.

S 　장면(Scene)이라는 의미. 같은 장소, 같은 시간 내에서 이루어지는 일련의 행동이나 대사가 한 씬을 구성한다.

차례

작가의 말

'내가 죽으면 슬프다고 울어주는 사람이 과연 있을까?'

이 모든 이야기의 시작은
이 질문에서부터.
그리고 그 답은 의외로 빠르게 튀어나왔습니다.

"없을지도."

그렇게 쓰게 된 것이 《한여름의 추억》 초고입니다.

어느 날 갑자기 죽어버렸는데
아무도 울지 않는 이야기를 쓰고 싶어서.
다들 그것이 잔인하다고 말하는데
어쩐지 나는 당연한 현실일 것만 같아서.
나 역시 누군가의 죽음에 진심으로
엉엉 우는 사람이기보단
문턱에 내 발등 찧고 눈물이 핑 도는 그저 그런 사람이니까.

그렇게 《한여름의 추억》 초고를 완성하게 되었고
그다음엔 제작사로부터 4부작으로 늘려달라는 제안을 받았습니다.
그 제안에 떠오른 질문은 이것.

'다 끝나버린 내 인생에 희망이 찾아온다면?'

이것에 대한 답도 역시 빨랐습니다.

"연애잖아."

하지만 그냥 연애는 아니겠지.
이제 다 끝난다는데 믿을 수 없을 만큼
엄청난 게 찾아와야 마땅할 테니.
그러니까 누구한테 말하더라도
"에이. 거짓말." 이런 소리를 들을 만큼 놀랍고도 놀라운,
기적 같고 꿈같고 사막의 신기루 같은
그런 사람이 여름 앞에 나타난다면.

그렇게 초고에도 없고, 드라마에도 없는
'세진'이라는 인물이 4부작에 등장합니다.
한순간 일어나 모든 걸 들쑤셔놓고 사라지는
여름날의 태풍 같은 사람으로.

2부작 드라마를 본 후 4부작 원작 대본을 읽다 보면
세진이라는 사람이 영 이해가 안 가고,
나쁘기만 하고, 싫고, 어쩌면 그럴 수도 있는데요
굳이 그런 사람을 여름 앞에 놓아둔 건
여름이는 뭐든지 배우고 알려주는 사람이잖아요.

만약 세진이가 정말 나쁜 사람이라면
여름이를 만나고 나서 더 나아질 수도 있으니까.

그렇다면 괜찮지 않을까? 싶었습니다.

다시 2부작 드라마로 대본을 줄이는 과정에서
세진이의 몫을 굳이 제훈에게 얹어준 건
세진이가 여름에게 주었던 그 감정.

두근, 설레고 '쿵' 내려앉고
쓰릴 듯 아프고 시뻘겋게 창피한
언젠가 우리 모두가 주머니처럼 달고 다녔던
그 무지개 같은 감정들을
이 짧은 구성에서도
희망처럼 느끼면 좋을 것 같다는 감독님의 제안에
수긍했기 때문입니다.

과정이 다난하여 말이 참 길어졌는데요,
제 대본이 책으로 나온다는 이야기를 들었을 때
'작가의 말'에 쓰고 싶었던 것은 사실 이뿐이었습니다.

'엥?'

드라마도 감지덕지인데, 대본집이라뇨.
겸손하신데요? 생각하면 안 되는 게
제가 이 대본을 다 쓴 뒤 늘 생각했던 게 이거거든요.

'(어깨 으쓱으쓱) 큼. 내가 다 썼어.'

그런데 드라마를 보고 나니 이런 생각이 들었습니다.

'아, 나는 진짜 글만 썼구나.'

나머지는 이 드라마에 참여한 모든 스텝분들이, 배우분들이
또 이 드라마를 봐주신 모든 시청자분들이 하신 것.

저도 여름이에게 뭘 배웠나 봐요.
저런 생각을 하다니. 조금 인간 같은 인간이 된 것만 같습니다.

정말 좋은 추억이었습니다.

아주 작은 인연에서도 배울 것을 찾고,
진심과 가식을 구분할 줄 알며,
잘못한 건 반성하고 고치고 나아지는.
그렇다고 마냥 착한 사람은 아니고,
욱하기도 하고, 비굴하기도 하고,
예쁠 때도 있고, 못될 때도 있는 여름이가

부디 당신이었기를.
그래서 마음 안에 늘 살아 숨쉬기를.

찰나일지라도 뜨겁게 빛났던 그 아이를
언젠가 보냈던 잊지 못할 휴가의 한 날처럼 두고두고 담아주시기를.
감히 바라봅니다.

2018년 2월
한가람

등장인물

한여름 (37세) 12년 차 라디오 작가 / 여

예쁘고 매력 있던 보통 여자. 하지만 그건 서른 이전의 일이다.
서른이 넘으면서 이젠 그저 보통 여자.
아니 보통보다 좀 더 모자란 사람이 됐다.
그 누구도 자신을 예쁘고 매력 있다 생각하지 않는다는 걸 깨달았다.
서른일곱이 그런 나이다. 죽고 싶지만 죽을 수 없는 나이.
사랑하고 싶다. 사랑받고 싶다.
하지만 서른일곱의 그녀를 사랑해주는 사람은, 그 어디에도 없다.

박해준 (37세 - 31세) 팝 칼럼니스트 / 남

이성적이고 칼 같은 성격의 소유자.
자신이 쓰는 칼럼만큼 딱딱한 사람.
하지만 한땐 사랑하는 사람 앞에서 모든 걸 내려놓기도 했던 사람이다.
몇 번의 연애 끝에 만난 여름에게 '이 사람이다.' 느껴 프러포즈를 했지만,
'능력'과 '배경'이 안 된다는 이유로 거절당한 후 사랑을 믿지 않는다.
3년 사귄 애인, 최소이에게도 결혼만은 하고 싶지 않다고 한다.
한여름이 가장 사랑했던 남자.

오제훈 (39세) 라디오 PD / 남

돌싱. 만날 만큼 만나고 결혼했는데, 실패했다.

완벽주의자에 자존심까지 강한 그에게 그것은 치부다.
하지만 약점이 아니라는 걸 보여주고 싶어
전부인을 [전부인]이라고 저장해놓는 패기.
이 여자 저 여자와 동시다발 썸을 타는데
작가들 사이에서도 바람둥이로 유명하다.
한여름과도 썸을 탔었다.
솔직하고 당찬 그녀의 매력에 이끌렸는데
한여름은 애매모호한 걸 딱 질색하는 여자였다.
무슨 사이냐고 단도직입적으로 묻는 그녀에게 떠밀려
"일하는 사이다." 못 박고 지금은 데면데면하게 함께 프로그램을 진행하는 사이.
다음 개편 땐 이 프로그램, 내가 꼭 떠날 거다. 불편하고 어색해서 살 수가 없다.

김지운 (35세 - 21세) LG 디스플레이 연구 1팀 대리 / 남
활발하고 장난스럽고 낙천적인 성격.
빤질빤질 노는 걸 좋아해 서른다섯 나이에도 아직 대리.
뭐든 "좋아, 좋아." 웃는 상인 그가 제일 싫어하는 여자는
떽떽거리는 여자. 불같이 화내고 기 센 여자들.
그러면서도 그렇게 열정적인 여자들만 골라 사귀고 있는 지운이다.
여름과는 대학시절 C.C.
징글징글하게 싸운 기억들뿐이라 생각만 해도 지긋지긋하다.
지운의 주변 사람들 사이에서 "한여름 같다."라는 표현은

'떽떽거리고, 시끄럽고, 성질이 불같음.'을 표현하는 말일 정도.

최현진 (38세 - 19세) 외국계 은행원 / 남

밤톨같이 생긴 외모가 딱 여자들이 좋아하는 남자 스타일.
잘생긴 것만큼 예쁜 여자 좋아하고, 그래서 더 놀고 싶고,
그래서 결혼도 안 하고 있다.
외모에 자신감 충만하여 맘에 든다 싶으면 바로 "사귀자!" 말하는 성격.
연애에 트라우마란 없다. 하지만 내숭 떠는 여자는 딱 질색.
고3 때 만났던 한여름 이후,
내숭 떨고 여우 같은 여자들은 재수 없다고 생각한다.
햄버거 입에 가득 물고 "왜요?"라고 묻는 여자 한번 만나고 싶은데
소개팅에 나오는 여자들은 하나같이
스테이크를 시키고, 와인을 좋아하며, 티슈로 입을 닦는 여자들뿐이다.

장해원 (39세) 14년 차 라디오 작가 / 여

여름의 라디오 작가 선배. 신중하고 사려 깊다.
합리적인 성격의 소유자. 그러면서도 마음이 따뜻하다.
여름을 참 예뻐한다.

정다정 (25세) 2년 차 라디오 작가 / 여

못생겼지만 스스로 예쁘다고 생각한다.

라디오 작가는 연예인 보려고 시작했다.

모든 단어의 끝은 용. 앙. 당. 혀가 말렸다. 혹은 잘렸다.

그녀의 꿈은 잘나가는 연예인 하나 잡아

연애 혹은 결혼이라도 해보는 것이다.

늙은 언니 한여름에게 열등감이 있다.

윤혜리 (36세) LG 디스플레이 연구 2팀 과장 / 여

불같은 여자. 화낼 땐 누구도 말릴 수 없다.

일에도 열정적이라 과장도 제일 먼저 달았다.

한 살 어린 지운과 사귀어서 능력 있는 여자라는 소리를 듣지만

니들은 모른다. 이 남자는 싸웠다 하면, 〈기승전 "헤어져!"〉

진짜 어린애도 아니고 만날 헤어지자는 남자친구와 사귀는 일은

참 피곤하지만 내가 서른여섯이라 그냥 참고 사귀는 거다.

내가 얘 웃는 모습이 예뻐서 그냥 참고 사귀는 거다.

최소이 (31세) 플로리스트 / 여

해준의 여자친구. 목소리 올라가는 법 없이 차분하고 조곤조곤한 성격.

특히 해준 앞에서는 뭐든 다 양보하는 천생 여자다.

우는 것도 예쁜, 그런 여자다.

김지용 (38세) 회사원 / 남

고등학교 때부터 현진의 친구.

좀 놀고 싶어 하는 유부남. 되라 되라 식의 성격이다.

김지영 (34세) 공연기획자 / 여

오제훈의 또 다른 썸녀. 한여름처럼 솔직한 여자다.

드라마에는 없는, 원작 대본 속 등장인물

유세진 (30세) 가수 / 남

작사, 작곡, 프로듀싱까지.

음악 좋아한다는 사람들은 '미러'의 유세진을 알아보고 좋아한다.

음악적 끼뿐만 아니라 연애에 대한 끼 역시 몹시 훌륭한 편. 밀당의 고수.

마음을 주는 듯 안 주는 듯, 줬다가 뺏었다가, 밀었다가 당겼다가,

사람을 미칠 듯 헷갈리게 만들고 결국엔 돌아버리게 만드는 재주가 있다.

무슨 생각을 하는지 도무지 알 수가 없는 남자.

김래희 (29세) 무용수 / 여

여리여리해 보이지만 강단 있는 여자. 10년 동안 세진 곁을 지켰다.
그동안 세진은 셀 수 없을 만큼 바람을 피웠고, 래희는 참았다.
그리고 세진은 언제나 그렇듯 래희에게 꼭 돌아왔다.
래희는 믿고 있다.
결국 마지막에 유세진을 차지하는 사람이 진짜 승리하는 거라고.

이정선 (33세) 8년 차 라디오 작가 / 여

평범한 여자.
여름을 좋아하긴 하지만 여자로서 여름을
은근히 시샘하고 질투할 때도 있다.

방송용 드라마 대본(2부작)

한여름의 추억

intro

풍경 가득 푸른 잎이 출렁이고
시원한 소나기가 쏟아진 뒤
찌는 듯한 더위.
매미 소리에 귀가 따가울 즈음
무너질 듯 폭풍우 오고 나면
어느새 코끝 찡한 바람이 솔솔.

너는,
나와 함께했던 시간 내내
어서 내가 지나가주길
성큼 다음 계절이 다가와주길
바라고 바랐겠지만

이것 봐.
나는 그리 길지 않아.
이렇게

찰나인걸.

1 ; 여름의 끝

빛나고 아팠어.
모두 네 덕분이야.

S #1　　(D - 오후 / 여름의 방)

분주하게 출근 준비를 하던 여름이
방에 있는 큰 전신 거울 앞에
하늘거리는 원피스를 입다 만 채 뚝 서 있다.

속옷 차림에 원피스를 입다 만 자신의 모습을 마주한 여름.

초라한 자신의 나체를
스스로에게 들킨 듯
거울을 바라보고 있다.

S #2　　(D - 오후 / 여름의 집 앞 좁은 골목길)

골목을 걷다가
손으로 이마를 가린 채
여름 햇살을 바라보고 있는 여름.

잠시 바라보다
터덕터덕 골목을 다시 걷는다.
쓱 이마의 땀을 닦는데 '아. 덥다.'

매미 소리 들리는 녹음 풍성한 골목을
힘없이 걷고 있는 여름의 뒷모습.

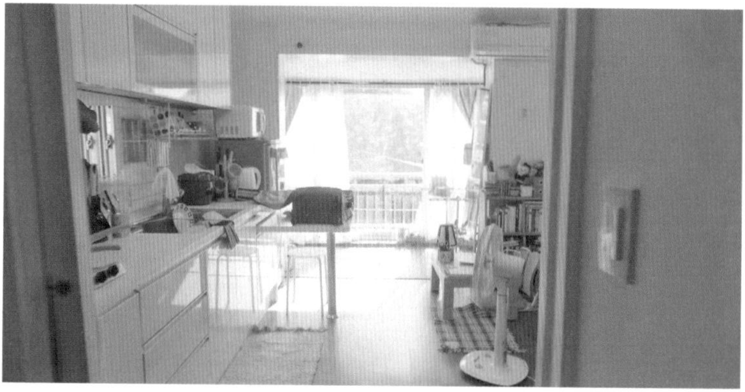

S #3　(N - 밤 / 지상파 라디오국 사무실)

제훈　(책상에 앉아 앞에 있는 스케줄표 보면서) 다음 주 금요일 초대석 누구로 할지 생각해봤어요?

지적이고 차분해 보이는 얼굴의 해원,
제훈의 옆에 서서 바로 대답하는.

해원　데이앤데이가 새 앨범 냈던데요.
제훈　(마음에 안 들어. 이번엔 책장에 꽂힌 CD 훑으며 혼잣말하듯) 너무 인디 아닌가.
해원　그럼 아이돌로 가볼까요?
제훈　(또 다른 누구 없나. 꽂혀 있는 CD 훑으며) 그렇다고 아이돌로 가버리기엔.
해원　(전혀 저돌적이지 않고, 부드럽게) PD님.
제훈　(CD 훑다가 부르자 쳐다보는. '응?' 하는 얼굴)
해원　(부드럽게, 조곤) 대안 없이 무턱대고 안 된다고만 말씀하지 말아주세요.
제훈　('내가 그랬나.' 하는 얼굴이면)
해원　(부드러운) 원하는 걸 정확히 말씀해주세요. 그럼 찾아볼게요. 제가 여기서 PD님 마음에 들 때까지 의견을 내고 있을 순 없잖아요. (미소 짓는)

제훈, 그런 해원을 가만히 바라보는데

제훈 NA　**솔직한 여자가**

S #4 (N - 밤 / 지상파 라디오국 사무실)
; 과거 * 5개월 전

해원과 같은 구도로
제훈을 맹랑하게 바라보고 있는 여름의 얼굴.

제훈은 사무실 자기 책상 앞에 앉아 있고
여름은 그 옆에 서 있다.

여름의 오프닝 원고를 읽은 제훈, 한마디 하는데.

여름 특별히 제가 잘못 쓴 게 아니면 오프닝 가지곤 뭐라고 하지 말아주세요.

제훈 ... 그게 기분이 나빠?

여름 아뇨. 기분의 문제라기보단 역할의 문제죠. 우린 팀플레이 하는 사람들이잖아요. 그럼 서로의 능력을 믿고 가야죠. 제가 이 팀에서 하는 역할이 글을 쓰는 거잖아요. 그럼 그 능력을 믿어주셔야죠. 저도 PD님 선곡이 마냥 좋았던 건 아니에요. 하지만 PD님의 선택이니깐 믿고 따랐던 거예요. PD님도 저한테 그래주실 순 없는 건가요? (제훈을 맹랑하게 쳐다보는데)

S #5 (N - 밤 / 지상파 라디오국 사무실)

해원 (제훈이가 말을 안 하자, 부드럽게) 혹시... 화나셨어요?

제훈 (생각에 빠져 있다 정신 드는) 아뇨. (기분이 나쁘지만 쿨한 척)

일리 있는 말이네요. 브루클린 라디오 정도 생각하고 있었어요.

해원 (좀 더 미소) 아. 그럼 혁오나 장미여관 정도 알아볼게요.

제훈 좋네요.

해원, 가볍게 목례한 뒤 돌아간다.
그런 해원의 뒷모습 잠시 보는 제훈의 얼굴.

제훈 NA **싫다.**

보다가 다시 CD꽂이 쪽으로 시선을 돌리고 CD를 찾는데.
좀 짜증스럽다.

S #6 (D - 오후 / 지운의 대기업 사옥 옥상)

혜리 (완전 폭발) 넌 그딴 식으로밖에 말 못해?

무척 화난 듯한 혜리가 지운을 향해 펄펄 뛰고 있다.
지운은 지겹다는 표정인데.

혜리 내가 너한테 처음부터 화냈어? 물어본 거잖아! 근데 뭐? 됐어? 야!

지운 ('또 시작이다.' 지겹다는 얼굴로 혜리를 보는데)

혜리 (펄펄 뛰며) 술 처먹고 전화기 또 꺼놓은 건 너야!

지운 (이렇게 짜증 내는 혜리가 점점 더 지겨워 죽겠다)

혜리 (짜증짜증) 너 대답해봐! 잘했어, 잘못했어?

지운, 한숨을 푹 쉬는데.

지운 NA　　　**불같은 여자가**

S #7　(D - 한낮 / 여름·지운의 대학 운동장 스탠드)
; 2회 S #20 연결
; 과거 * 여름 23세 / 지운 21세 (2003년 여름)

독기 오른 얼굴의 여름이
뭐라도 던질 게 있나 눈 돌아서 두리번거리다 발치에 있던
빈 캔 주워 지운의 뒤통수 향해 팍 던지는데
가던 지운의 뒤통수에 깡! 맞아 떨어진다.

S #8　(D - 오후 / 지운의 대기업 사옥 옥상)

혜리　(닦달) 아, 대답해보라고!
지운　(이 상황을 피해버리고 싶어서. 한숨 짧게 쉬고) 그냥.
혜리　(보면)
지운　(차분) 헤어지자.
혜리　('뭐?' 하는 얼굴로 지운을 보면)
지운　(말하다 보니 진심. 어느새 차가워져버린) 헤어지자고. 그냥.

어이없는 얼굴의 혜리와
차분한 얼굴의 지운의 모습에서.

지운 NA　　**싫다.**

S #9　(N - 저녁 / 고급 레스토랑)

소개팅녀　(다소 우아한) 그런데 왜 여자친구가 없으세요?

레스토랑에 앉아 식사를 하고 있는 현진과 소개팅녀.

식사는 안 하고 의자에 기대어 앉아
질문한 소개팅녀를
약간은 조소 어린 표정으로 바라보고 있는 현진.
기본적으로 '너도 다른 여자들과 똑같겠지?' 하는 얼굴이다.

소개팅녀　(예쁘게 웃으며) 이렇게 멋진 사람인데.
현진　(자세 고쳐 앉으며 음식 들려고, 예의 작업하는 느낌으로) 글쎄요.
소개팅녀　(앞에 있는 스파게티 조심스레 먹고, 티슈로 입가 톡톡 찍으며) 첫사랑을 못 잊었나.
현진　(먹으려다 말고 티슈로 입가 찍는 모습 지켜보면서, 혼잣말하듯) ... 첫사랑.
소개팅녀　(앞에 있는 와인 예쁘게 한 모금 하며) 왜, 남자들은 첫사랑을 못 잊는다고 하잖아요. 평생 가슴에 담아둔다고.
현진　(와인까지 예쁘게 먹는 모습에 더 시니컬해진. 다시 원래대로 의자에 기대앉으며) 전 첫사랑 없는데요?
소개팅녀　('??' 하는 얼굴로 현진을 바라보다 '아...' 싶어) 아. 그럼, 한 번도 사랑해보신 적이 없는 거예요?

현진 (이 여자한테 관심이 없어졌다. 시니컬) 아뇨. 뭐. 사귄 적이야 많죠. 나이가 몇 갠데.

소개팅녀 그럼 그중에 가장 먼저 만났던.

현진 (말 끊으며) 그게 무슨 사랑이에요.

소개팅녀 (잘 이해가 되지 않는다는 얼굴로 현진을 보자)

현진 NA **첫사랑을**

S #10 (D - 하교 시간 / 고등학교 앞 버스 정류장)
; 과거 * 여름 18세 / 현진 19세 (1998년 여름)

비 오는 오후.
버스 정류장에 서 있는 고등학생 여름의 우산 속으로
현진이 쏙 들어간다.

현진 나도 같이 좀 쓰자.

여름 ('네?' 하는 얼굴로 현진을 돌아보는데)

현진, 활짝 웃는.
발그레해지는 여름의 얼굴.

S #11 (N - 저녁 / 고급 레스토랑)

현진 (자세 고쳐 앉으며, 덤덤하게) 그냥 찢고 까분 거지.

소개팅녀, 약간 황당한 얼굴로 현진을 보는데
수줍은 소년의 얼굴은 어디로 가고 피식 웃는 현진만 있다.

현진 NA **믿지 않는다.**

S #12 (D - 오후 / 해준의 오피스텔)

딩동- 현관문 벨소리가 울리자
자다 일어난 듯 편안한 차림의 해준이 현관문을 여니
예쁘고 단정한 차림의 소이가
화가 났지만 꾹꾹 눌러 참는 얼굴로 그를 바라보며

소이 (보통 사람보다 작은 목소리, 차분) ... 우스워요?
해준 (냉정) 안 나간다고 했잖아.
소이 (차분한데 흥분해서 말 빠른) 두 시간 기다렸어요. 오빠는 상관없겠지만.
해준 ('어. 정말 상관없어.' 같은 얼굴로 보면)
소이 나 혼자 기다린 거면, 괜찮아요. 그럴 수 있어요. 그런데 우리 부모님도 함께 있었잖아.
해준 (냉정) 다시 말해야 돼? 안 나간다고 분명히 얘기했어.
소이 오빠.
해준 (보면)
소이 나를.

해준, 그런 소이를 가만 보는데.

S #13　(D - 오후 / 해준의 오피스텔)
; 과거 * 여름 31세 / 해준 31세 (2011년 여름)

해준　넌 날 사랑하긴 해?

그 말에 슬픈 듯 해준을 바라보는 여름.

S #14　(D - 오후 / 해준의 오피스텔)

소이　(커다란 눈에 어느새 눈물이 가득 담겨) ... 사랑하긴 해요?

그 질문을 하는 소이를 바라보는 해준,
차가운 얼굴이다.

해준 NA　**사랑을 믿지 않는다. 모두.**

더 이상 마주하고 싶지도 않아
볼 것도 없다는 듯
현관문을 쾅! 닫아버리는데.

S #15　(N - 새벽 2시 넘어 / 홍대에 있을 만한 키치한 술집)

지루해 보이는 여름의 얼굴에서
점점 멀어지면

왁자지껄한 라디오 팀 회식 자리.
게스트 세 명에 DJ와 PD인 제훈. 모두 다 남자.
여자는 다정과 여름뿐이다.

다정이 남자 셋 사이에 공주처럼 둘러싸여 있고
여름은 한쪽 구석 끝에 앉아
혼자서 홀짝홀짝 맥주를 마시는 중.

게스트1 다정이가 몇 살이라고 했지?
다정 (애교가 철철, 큰 목소리) 저 완전 늙었죠. 늙탱이입니다!
게스트2 서른 넘은 거야?
다정 (무슨 소리~ 그건 아니고) 아니요. 스물다섯이요. 헤. 꺾였어용.
게스트3 야이씨. 너 그렇게 팽팽한 나이에 그딴 소리 하면 노처녀들은 뭐야. 죽으라는 거야?

일동, 깔깔깔 웃는데.

DJ (제훈에게) 다정이가 우리 팀 활력소네.
제훈 (맥주잔 한 손으로 든 채, 그 말에 동의하는 듯 고개를 끄덕이며) 그러게.
다정 (자기가 주인공이라 활발한) 오빠들! 우리 한잔해용!!

게스트 세 명이 동시에 잔을 들고
제훈과 DJ도 천천히 잔을 든다.
여름도 든다.
짠! 하고 잔이 한데 모여 부딪히는데

누구의 잔과도 부딪히지 않는 여름의 잔.
여름, 그런 건 익숙하다는 듯 다시 맥주를 홀짝인다.

게스트1 근데 우리 다정인 남친이 있나, 없나.

다정 앙. 없어용. 누구 없어용?

게스트2 야. 나 있잖아. 나. (괜히 느끼한 말투로) 오빠 의외로 괜찮다?

다정 (꺄르르 웃는데)

게스트3 너 얼른 하나 골라잡아. 나중에 서른, 아니 서른다섯만 넘어봐라. 그게 여자냐? 그냥 휴먼이지.

다정 (깔깔 웃으며) 에이~ 설마~

일동 깔깔거리고 신나서 떠들어대는데
여름은 할 일이 없어 무력하게 자기 휴대폰 만지는.
뭐가 왔나 보긴 하지만, 아무것도 오지 않아
낮에 온 문자 괜히 확인해보니

[한여름 고객님의 37번째 생신을 진심으로 축하드립니다.
제이생명지킴이 정순애]

자신의 생일 축하 문자를 물끄러미 바라보다가
다시 혼자 맥주를 홀짝이곤
가만히 창밖을 바라보는 여름.

창밖엔 여름 나뭇잎이 밤빛에 반짝거린다.

S #16 (N - 새벽 3시 반쯤 / 여름의 집 앞 좁은 골목길)

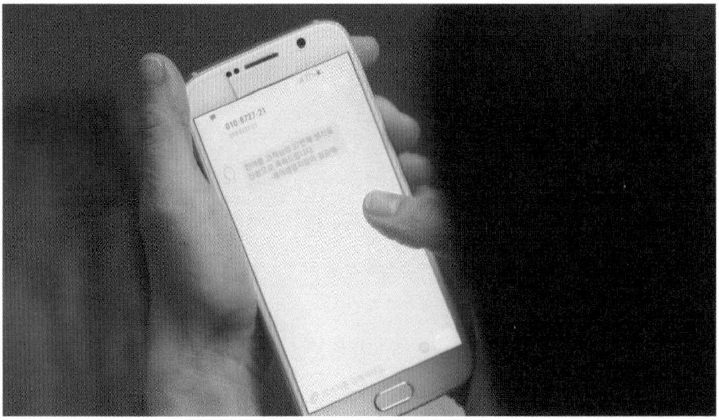
010-8727-21

밤빛에 반짝거리는 푸른 나뭇잎.

그 아래 골목길을
회식이 끝난 뒤 혼자 걸어가고 있는 여름인데
카톡음 연이어 들려
확인해보니 고등학교 친구의 문자가 와 있는.

미영 [이번주 토요일에 모임 올거야?]

뚝 멈춰 서서 빠르게 답장 쓰는 여름.

[나 얘기 못 들었는데]

가만히 서서 뚫어져라 휴대폰 창을 보면서
답을 기다리는 여름.
곧 연달아 답장이 온다.

미영 [너한테 연락 안간거야?]
[이번주 토요일에 다 만나기로 했어]
[왜 연락이 안갔지?]

여름, 확인하고 또 빠르게 답장 쓴다.

[안 부른 거겠지]
[나는 애도 없고 결혼도 안 했고]
[... 너네들이랑 다르니까]

전송한 뒤
휴대폰을 가방에 휙 넣어버린 채
골목을 다시 걸어가는 여름.

카톡 알림음이 연이어 들리지만 확인하지 않는다.

S #17 (N / 5성급 호텔 커피숍)

카톡음이 연이어 들려오고.
호텔 커피숍.
여름이 선을 보고 있다.

맞선남 (카톡음 들리는 휴대폰 슬쩍 보고 뒤집어놓으며) 나이가 좀 있으시네요.

여름, 거만하게 앉아 있는 맞선남을 가만히 바라보는데.

맞선남 솔직히 여자 나이 서른일곱이면, 좀 많죠. 남자들이야 40 넘어서도 괜찮긴 하지만. (반응 없는데 지 혼자 주절주절) 그래도 세상 많이 좋아졌어요. 예전엔 스물아홉부터 퇴물 취급받고 그랬는데, 이젠 서른셋 넘어야 선 시장에서 퇴물이라고 하더라구요. (갑자기 이미지 관리) 아. 여름 씨한테 퇴물이라고 한 건 아니고요.

여름 (대답 않고 앞에 있는 커피만 호로록)

맞선남 방송국에서 일하신다고 했죠? 거긴 좀 늦는 사람들이 많겠네요. 근데 여기 법조계도 좀 많이 늦어요. 요즘엔 노처녀 변호사, 노처녀 검사들이 그렇게 많거든. 근데 그런 여자들은 진짜 쎄. 말이 안 통해. 어찌나 자기 색깔들이 강하고 세계관이 확고하신지. (진저리 난다는 듯) 아우. 그래서 전 사실... (여름에게 약간 느끼하게 웃으며) 어린 애들이 더 좋긴 해요.

무표정하고 건조하게 맞선남을 바라보는 여름.

맞선남 하지만 뭐, 이런 얘기 괜찮을진 모르겠지만, (느끼하게 속삭이는) 속궁합은 어린 애들보단, 좀 나이 든 여자가 더 낫죠. (오바해서 괜히 웃는) 하하하하!

여름, 그 웃음에도 무관심한 얼굴로
맞선남을 쳐다본다.

아무런 피드백이 없자 약간 당황한 맞선남,
무안한 듯 커피를 마시자
여름도 고개를 숙이고 커피를 홀짝거린 뒤
의도치 않게 커피잔을 탁! 소리 나게 내려놓고
끼이이익 의자를 뒤로 무르는데.

S #18 (D - 낮 / 도로 한복판)

끼이이익 쿵!
앞차를 살짝 박은 여름,
깜짝 놀라 서둘러 차에서 내리자

문 쾅 닫고 나와
무작정 여름에게 화를 내는 앞차 남자.

앞차 남자 아, 이 아줌마가!!!!

여름, 미안하긴 하지만 다짜고짜
자신에게 아줌마라 하는 남자를 황당한 듯 바라보는데.

앞차 남자 (버럭) 이 아줌마야, 눈 좀 달고 다녀! 브레이크등 못 봤어?!

여름, 이젠 자신도 화가 난 듯한 얼굴로 남자를 바라보는데

앞차 남자 (휴대폰으로 보험사에 전화 걸며) 아, 바빠 죽겠구만! 에이씨!

여름, 힘없는 얼굴로 차로 걸어가 차 문을 탁 열고
안쪽에 있는 자신의 휴대폰을 꺼낸다.
전화를 하려는데.

S #19 (D – 낮 / 여름의 집 앞 좁은 골목길)

출근을 하고 있던 여름,
전화가 와서 휴대폰을 귀에 대고 있는데.
받자마자 뭔가 폭탄처럼 우르르 쏟아지는 잔소리 느낌.
여름, 가다가 뚝 멈춘다.

한참을 듣고 있다가

전화를 끊은 여름.
뭔가 화가 나는지, 어쩔 줄 몰라 한다.

골목 한가운데를 울 것처럼 서성이다가
담벼락에 기대서 고개를 푹 떨군 채
우는 건지. 생각하는 건지.
서 있는 여름.

점점 멀어지면서.

S #20 (D - 오후 / 지상파 라디오국 사무실)

여름 O.S (약간 당황, 목소리 올라간) 누구요?

라디오 프로그램 회의 시간.
사무실 가운데 큰 책상에 다정과 제훈, 여름이 앉아 있다.

제훈 팝 칼럼니스트, 박해준이요.
여름 (약간 당황한 얼굴이지만 숨기려고 하는)
다정 (자기 앞에 있는 노트북으로 박해준 검색하더니) 와. 이 남자 완전 훈남이네? 대박.
여름 그 사람 요즘 바쁘지 않을까요?
제훈 뭐, 방송하는 거 없지 않아요?
여름 (못 나오게 하려고 설득하기 시작하는) 그리구. (거짓말하느라 잠깐 딴 데 보다가) 그 코너엔, 박해준 씨보단 뭐, 양재형 선생님이나.

제훈　(‘얘 왜 이래, 감 떨어졌어?’ 말 끊으며) 우리 프로그램에 맞게 좀 젊은 느낌으로 가고 싶은데.

다정　(노트북으로 박해준 검색하고. 흥분) 완전 대박 잘생김! PD님. 이 사람 불러요! 팬클럽도 있나 봐요!

여름　(반박할 말이 없어 가만히 있는데)

제훈　3주 전에 섭외하는 건데, 바쁘기야 하겠어요? 지난번에 팟캐로 들으니까 말도 잘하던데.

여름　(내가 졌다) ... 네...

제훈　여름 씨가 섭외 좀 해줘요. 전화번혼 내가 알아봐줄게.

다정　(계속 노트북으로 박해준 검색해보면서) 대에박. 3주 뒤에 오는 거예요, PD님? 그럼 제 친구들도 불러도 돼요?

제훈　(‘오라고 하던지.’ 하려는데)

여름　(약간 날카로워져, 차분한 어투, 작은 목소리) 소풍 가니?

다정　(단숨에 쪼는)

제훈　(여자들끼리 싸우는 상황에 끼기 싫다) 그럼 각자 일 봅시다. (벌떡 일어나 자리로 가버리는)

다정이 온몸으로 시무룩을 표현하며
노트북 들고 일어서서 터벅터벅 작가실로 가는데.
여름은 책상 앞에서 쉽게 일어서지 못하고 있다.
어찌해야 될지 모르겠다는 표정.

S #21　(D - 오후 / 지상파 라디오국 사무실 복도)

여름　(간절) 언니가 좀 도와줘. 응?

사무실 복도 구석에 서 있는 여름과 해원.

해원 그냥 니네 PD보고 하라고 해.

여름 나보고 하라고 딱 잘랐어. 근데 거기서 어떻게 싫다고 해. 그게 더 이상하잖아.

해원 근데 문제는 그게 아니잖아. 섭외 오케이 하면 어쩔 거야. 그럼 마주치잖아. 그게 더 문제지, 이 바보야.

여름 (한숨) 그거까지 생각하니까 머리가 터질 것 같아서... 일단은 이것부터 해결할라고.

해원 (맞어! 이런 방법이 있었지) 야, 너 휴가 가!

여름 나 휴가 다음 주부터야. 비행기 표도 취소 못해.

해원 헐. 어디로 가는데.

여름 미국 언니네. 언니가 휴가 가서 집이 비거든. 거기 며칠 좀 있으려고.

해원 그럼 언제 돌아오는데.

여름 그다음 주.

해원 빼도 박도 못하겠네. 그럼.

여름 언니가 전화 한 번만 해줘. 우리 팀 작가인 척하면 되잖아. 다정이라고 해. 섭외만 하면 돼. 안 된다고 하면 더 좋고.

해원 (휴대폰 꺼내며) 알았어. 전화번호 불러.

여름 (외우고 있다, 빠르게) 01008168209.

해원 (번호 누르며. 비꼬는) 장하다. 6년 전에 헤어진 사람 전화번호를 달달 외우고 있고.

여름 (할 말이 없어 그냥 보는데)

해원 (전화 연결되자 지적인 목소리로 바꾸며) 아, 여보세요? 안녕하세요? 저는 CBC 라디오 [밤의 세계] 작가, 정다정이라고 합니다.

여름, 통화하는 해원을 아련하게 바라보는데

S #22 (D - 오후 / 해준의 오피스텔 : 작업방)

해준 (짧고 건조하게) 네.

자신의 오피스텔, 작업방에서 전화를 받고 있는 해준.

해준 (전화 받으며 네이버 검색창에 [밤의 세계]를 친다) 3주 뒤 금요일이요. (달력 보더니) ... 될 것 같은데요? ([밤의 세계] 홈페이지 들어가 보며) 예. 알겠습니다. (뭔가 듣고) 예. 그럼 그때 뵙죠. (뭔가 듣고) 네.

전화를 끊는 해준.
[밤의 세계] 홈페이지를 마저 살핀다.
그러다 보는 작가의 이름.

[작가 : 한여름, 정다정]

여름의 이름에 뚝 멈추는 해준.
다시 전화기를 들어
방금 전화한 사람에게 다시 전화를 할까, 하다가
'뭐 어때.' 하듯 전화기를 다시 내려놓고

[밤의 세계] 홈페이지를 무자비하게 닫아버린다.

S #23 (D - 오후 / 지상파 라디오국 사무실 복도)

여름 (조급) 뭐래?

전화를 끊고 약간 난감한 얼굴의 해원.

해원 된다는데?

여름, 복잡한 얼굴로 한숨 쉬는데

해원 ... 정 곤란하면 니네 PD한테 한번 말해봐. 사실, 내가 이 남자랑...

여름 (단박에) 말이 돼?

해원 (잠시 생각하더니) 하긴. 말이 안 되긴 한다. 그냥 PD도 아니구. 너랑 썸 탄 PD인데.

여름 (고요히 한숨 쉬며) 썸 아니야.

해원 (차분하게 따지는) 그럼 그게 뭐야? 데이트도 하고. 밤마다 전화도 하고. 너 그때 한참 설레었던 거 기억 안 나?

여름, 해원을 무표정하게 바라보는데.

S #24 (D - 새벽 / 오제훈의 차 안)
; 과거 * 4개월 전

오제훈, 키스할 듯

조수석에 앉아 있는 여름에게 다가간다.

설레는 얼굴의 여름.

S #25 (D - 오후 / 지상파 라디오국 사무실 복도)

해원 (고개 절레절레) 그니깐 직장에선 뭘 만나면 안 돼. 만날 놈도 없는 게 현실이지만.

여름 (약간 부드럽게) 그런 거 아냐, 언니.

해원, 여름을 '뭐가 아냐?' 톤으로 쳐다보면

여름 ... 아무것도 아니었어.

해원 ('진짜 아니라고?' 하는 얼굴로 보면)

S #26 (D - 새벽 / 오제훈의 차 안)
; 과거 * 4개월 전

오제훈과 여름의 입술이 닿는다.

S #27 (D - 오후 / 지상파 라디오국 사무실 복도)

여름 (확신) 아무것도 아니었어. 오제훈은.

S #28 (N - 저녁 / 방송국 모처의 호프집)

제훈 (약간의 짜증) 누가 그래요?

방송국 모처의 호프집.
선후배들과 술 한잔하는 오제훈 PD.

제훈 내가 한여름 작가랑 사겼다고?
여자 PD 에이. 소문 다 났던데, 뭐. 자기가 한여름 데려다 쓸 때부터 내가 알아봤다니깐?
제훈 (냉정) 아닙니다.
남자 선배 PD 아니었어? 작가들 사이에선 얘기가 좀 있든데? 왜 거기 막 내가...
후배 PD (말 자르며) 제훈 선배 그러는 여자가 한둘이야?
제훈 (휙 째려보면)
후배 PD (수습) 인기 있잖아. 선밴. 작가들이 선배랑 일할라고 줄을 섰다던데. 뭐, 작가 걱정 없어서 선밴 좋~ 겠다.
남자 선배 PD (조금 코믹, 자조) 난 성격이 드럽다고 소문이 너무 났나? 아무도 나랑 일을 안 할라 그래.
후배 PD 그건 어쩜 성격 때문이 아니야. 선배.
남자 선배 PD 그럼 뭔데?
후배 PD (남자 선배 PD를 향해, '그건 얼굴'이라는 제스처)
여자 PD (제훈에게) 진짜 아니야?
제훈 (냉랭) 제가 이혼하고 누구랑 연애하는 거 봤어요?
여자 PD ('그렇긴 한데...' 하는데)
후배 PD 그럼 선배. 나 다음 학기에 한여름 작가 데려간다? 그래도 되지?

제훈 (귀찮은 듯 진심. 나도 불편해) 데려가고 싶으면 데려가. 어차피 나도 이 프로그램 떠날 것 같은데.

여자 PD (후배 PD에) 근데 나이 꽉 찬 노처녀 작간 좀 까탈스럽지 않니?

후배 PD 그렇긴 한데, 난 그래도 잘 쓰는 작가가 좋드라. 글은 못 쓰면서 PD한테 입안의 혀처럼 구는 작가가 무슨 작가야? 요즘 그런 작가 너무 많지 않아요?

말하고 앞에 있는 맥주 한 모금 하는 제훈.

남자 선배 PD 거, 이번에 사장 바뀌면서 부장단 바뀐다는 건 사실이야?

여자PD 최희숙이 내정이라던데요? 어떡해~ 그 여자...

사람들 소리 멀어지며
제훈, 여름과의 기억이 생각나는데.

S #29 (N - 밤 / 지상파 방송국 비상구 계단)
; 과거 * 4개월 전

여름 (조곤) 이런 관계는 뭐라고 부르나요?

여름은 서 있고
제훈은 계단에 앉아 있다.

앉아 있는 제훈이 한 손으론 뜨거운 아메리카노를,
다른 한 손으론 서 있는 여름의 손을 잡고 있는 상황.
제법 다정한데.

이런 관계는 뭐라고 부르나요?
사귀는 사이다,
친구 사이다,
일하는 사이다.

전 이렇게 애매한 건 싫어요.

제훈　(커피 마시다 약간 벼락 맞은. '뭐?' 하는 얼굴로 여름을 보자)

여름　(손을 가만히 빼며) 사귀는 사이다. 친구 사이다. 일하는 사이다.

제훈　(아직은 웃음기가 있는. 무마시킬 수 있다고 믿으며) 그중 하나를 골라야 돼?

여름　(정색, 당돌) 네.

제훈　거긴 없는 것 같은데. (말하고 '그런 걸 왜 물어?' 하듯 보면)

여름　전 이렇게 애매한 거 싫어요. (제훈을 쳐다보는데)

제훈　그래?

여름　(똑바로 쳐다보며 '응.' 하는 얼굴이자)

제훈, 옆을 돌아보며 한숨 작게 쉬는.
마지막 희망처럼 제훈을 바라보고 있는 여름인데

제훈　(여름 똑바로 쳐다보며, 들고 있던 커피를 툭 계단 위에 내려놓고는. 냉정하고 로봇처럼) 그럼 우리 이제, 일만 하죠. 한여름 작가님.

여름, 제훈을 보는 눈빛.
묘하게 쓸쓸하다.

S #30　(D - 오후 / 지상파 라디오국 사무실 복도)

여름　(조금 쓸쓸) 오제훈은 모든 여자한테 다 그래.

해원, 여름을 안타깝다는 듯 바라보는데.

S #31 (D - 점심시간 / 지운의 대기업 사옥 옥상)

혜리 O.S 야, 김지운!

점심시간, 옥상에서 만난 혜리와 지운.

혜리 헤어지자는 소리가 그렇게 가벼워? 그게 그렇게 쉽게 나불댈 소리라고 생각해?

지운 ('아... 또 시작됐다.' 하는 얼굴로 혜리를 쳐다보면)

혜리 (쏘아대는) 적당히 좀 하란 말이야! 니가 헤어지자는 말을 얼마나 많이 했는 줄 알아? 셀 수도 없어. 이 자식아.

지운 (상황을 벗어나고 싶어서. 건성) 아, 미안해.

혜리 미안하다는 말로는 안 돼. 다시는 그러지 않겠다고 약속해.

지운 (대답 안 한다)

혜리 (콱 짜증) 안 해?! 안 하냐고!!

지운 (터지는) 윤혜리.

혜리 (지지 않고, 더 크게) 뭐! 뭐! 왜!

지운 (폭발) 니가 이렇게 나를 몰아세우니까 내가 못 참는 거야. 난 이런 거 너무 싫어. 좀 나긋나긋하면 안 돼? 좀. 좀 부드럽게. 그게 어려워? 욱하지 좀 말고. 사람 좀 그만 볶으라고! 니가 무슨 한여름이야?

혜리 (한여름이라고 했냐, 지금?) 뭐?

지운 ('헉. 잘못 말했다.' 싶은)

혜리 (전세 역전) 너 지금 뭐라고 했냐?

지운 (화낸 게 민망할 정도로 바로 꼬리 내려버리는) 아니이... 덥다고... 한여름처럼... 한여름이잖아. 지금. 와. 여름이네. 우와. 여름이다.

혜리 (째려보는데)

지운 (싹싹 빌기 시작) 내가 잘못했어. 내가 미안해. 내가 지금 미쳤지? 돌았지? 그치? 혜리야. 혜리님. 혜리옹.

혜리 1년 365일 중, 360일을 욕하는 니 엑스 걸프렌드랑 지금 날 비교한 거야?

지운 그니깐. 비교는 아니고. 그냥 잘못 튀어나온 거야. 어디 가서 방구 잘못 뀌고 오는 것처럼. 응? 너도 알잖아. 걔는 성격이,

혜리 (받아 채며) 완전 더럽지. 나처럼.

지운 너는 천사. 걔에 비하면 넌... 화내는 것도 아니다? 넌 완전 장난치는 거야. (애교) 귀엽게~ (그래도 안 풀리는 것 같자 싹싹 빌면서) 미안해. 미안해. 내가 무조건 잘못했어.

혜리 (조교처럼) 술 먹고 전화기 끈다, 안 끈다.

지운 (급해서) 안 끈다. 절대 안 끈다. 지구가 망해도 나는 전화기를 절대 안 끈다.

혜리 (자기 팔짱 끼고 사무실 쪽 내려가는 계단으로 가면서. 새초롬하게) 너 지난번에도 나한테 한여름 같다고 한 건 알지?

지운 (강아지처럼 졸졸 쫓아가며) 그치. 알지. 그때도 내가 미쳤었지. 내가 왜 이럴까? 오늘 저녁에 술 한잔할래? 오빠가 사줄게.

혜리 나보다 어린 주제에 오빠오빠 하지 말랬다.

지운 네. 누나.

혜리가 웃자 지운 역시 헤헤. 웃는.
다정하게 내려가는 둘.

S #32 (D - 낮 / 현진의 은행)

현진 (건조) 이름이 특이하시네요?

현진의 앞에 있는 고객이
대출 관련 서류를 꼼꼼히 채우기 시작하는데
이름 칸에 적는 [한여름]이란 글자를 보고.

남자 고객 (멋쩍게 웃으며) 아. 네.

현진 (단순히 대화를 하기 위해 꺼내는 화제) 제가 예전에 잠깐 만났던 친구도 그 이름이었는데.

남자 고객 (현진 쳐다보며, 신기해서) 아, 그래요? 이거 흔치 않은데... (다 써서 현진에게 건네주자)

현진 (서류 받아들면서) 그래서 그런가. (무심히 서류 훑으며) 지나고 나니깐 이름밖에 안 남더라구요.

남자 고객, 동의하듯 픽 웃는다.
현진은 건조한 얼굴로 고객이 작성한 서류를 바라보는데.

S #33 (D - 정오 / 여름의 부엌)

치이이익. 계란 프라이를 하는 여름.

무료하게 바라보다가 곧 프라이팬의 계란을
투박한 그릇에 담긴 밥으로 툭, 옮긴다.
그리고 싱크대에 그냥 그러고 선 채

밥을 쓱쓱 비벼서 '아' 한입 먹는데.

우물우물 씹으며
부엌 바로 옆 거실에 있는 TV로 드라마 한 장면을 바라보자
드라마에서
남자가 여자에게 신발을 신겨주고 있다.
설레어하는 얼굴로 남자를 바라보는 여자.

그걸 무심히 바라보는 여름.

S #34 (D - 오후 / 여름·지운의 대학 캠퍼스 앞)
; 과거 * 여름 23세 / 지운 21세

생기 있고 싱그러운 여름이
다짜고짜 한쪽 신발을 벗어 멀리 던진다.

신발을 향해 깡깡 한쪽 발로 뛰어가며 여름은 신이 났는데
옆에 있는 지운은 '아. 재는 왜 신발을 던지고 저래.'
하는 느낌으로 하늘을 보며 '하-' 한숨을 쉬고 있다.

S #35 (D - 정오 / 여름의 부엌)

다 먹은 그릇을 싱크대에 던진 뒤
쏴- 수돗물을 틀고 빠르게 설거지를 하는 여름.
무표정. 버석버석한 느낌.

부엌의 작은 창으로 햇살이 들어온다.

S #36　(D - 낮 / 고등학교 운동장 스탠드)
; 과거 * 여름 18세 / 현진 19세

여름의 운동화 끈을 정성스레 매주고 있는
현진의 등덜미.
설레는 얼굴로 바라보는 여름의 표정.

S #37　(D - 정오 / 여름의 부엌)

창가로 들어오는 햇살을
살짝 찡그린 채 보는 여름.

S #38　(D - 오후 / 해준의 오피스텔)
; 과거 * 여름 31세 / 해준 31세

안경을 쓰고
소파에 앉아 노트북으로 칼럼을 작성하고 있는 해준의 볼에
푸시시 웃으며 장난스럽게 자기 맨발을 들이미는 여름.
'하지 마.' 웃는 해준.

S #39 (D - 정오 / 여름의 부엌)

울고 싶지만 도무지 울 수가 없는 얼굴로
가만히 달그락달그락 설거지를 하는 여름.
설거지를 하느라 흔들리는 어깨가
마치 수돗물 쏟아지는 소리에 맞춰 우는 것만 같다.

S #40 (D - 한낮 / 초등학교 운동장 : 쉼터 천막)

여름의 발 앞에 툭 놓이는
낡은 운동화 한 켤레.

해원 (어이가 없네) 뭐야, 이걸 신고 달리라는 거야?

되레 여름은 어쩔 수 없지, 하듯
가만히 운동화에 발을 구겨 넣는데.

PD들 단체 체육대회 날.
운동장 곳곳에서 농구, 축구, 소프트볼 등등
학교 운동회 같은 분위기가 이어지고 있다.

해원 아, 진짜 너무들 하네. 지들끼리 노는 행사에 굳이 굳이 작가 불러가지고는. ('지금 이게 뭐하는 짓이야.' 하는 느낌으로 인상 콱 쓰는데)
여름 (다 체념한 듯 말없이 운동화 끈을 매는)
해원 (화살은 여름에게로) 너는 또 이 와중에 달리기는 잘하고 난리냐?

여름 (다 매고 일어나. 귀찮은 거 해결한다는 듯) 그냥 한 번 뛰어주는 거지, 뭐. (툭툭 운동화 다져 신으며 무심히 앞 보는데)

해원 (저기서 농구하는 팀들 보며) 저 봐라 봐라. (자기 팔짱 끼고 절레절레) 우리 찌질이들 오늘 안 쓰던 몸 쓰신다고 아주 애~ 쓰신다. 어?

해원이 보는 농구팀, 여름도 함께 보는데
그 안엔 제훈도 있다.
유독 잘한다.

해원 (자기 팔짱 끼고. 날고뛰는 제훈 보면서) 그러고 보면 오제훈이 저 중에선 제일 낫기는 해? (여름 보고) 그치? (다시 앞 보고 정색하며) 재수가 없어서 그렇지.

여름도 무심히 제훈의 모습을 보는데
어디선가 달리기를 시작한다는 휘슬이 울린다.

여름 (소리에) 갔다 올게. (터벅터벅 그쪽으로 가는데)

해원 어. 야!

여름 (슬쩍 돌아보자)

해원 이왕 뛰는 거 1등 해라.

여름, 보일 듯 말 듯 웃고 돌아서
달리기 시작하는 곳으로 터벅터벅 걸어가는데.

S #41　(D - 한낮 / 초등학교 운동장 : 트랙)

삑!!
출발을 알리는 휘슬이 울리자
무리 속에서 여름이 달리기 시작한다.

S #42　(D - 한낮 - 체력장 / 고등학교 운동장)
; 과거 * 여름 18세 / 현진 19세

똑같이 달리고 있는 체육복을 입은 고등학생 여름.
무리 중에서 1등으로 달리고 있다.

지용　(입으로 휘슬 불어주며) 한여름! 파이팅!

운동장 철봉 쪽에서
지용과 현진의 무리가 달리는 여름을 응원해주고 있다.
뛰는 여름을 보며 웃고 있는 현진.

여름, 소리에 달리면서도
괜스레 입가에 미소가 번지는데.
싱그럽다.

S #43　(D - 한낮 / 초등학교 운동장 : 트랙)

6명 중 3-4등으로 달리고 있는 여름.

예전보다는 초췌해 보이는 얼굴이다.
그러다 점점 최선을 다해 달리기 시작하는데.

S #44 (D - 한낮 / 여름·지운의 대학 캠퍼스 일각)
; 과거 * 여름 23세 / 지운 21세

지운 O.S (여름을 부르는) 한여르음!!!

수업에 늦어 캠퍼스 사이사이를 가로질러 달리는 여름.
지운도 쫓아오고 있다.

지운 야. 같이 가!!

앞서 있는 여름을 지운이 필사적으로 쫓아가
괜히 어깨로 여름 치면서 같이 달리는.
여름도 지지 않고 뛰면서 지운을 더 세게 미는데.
서로 밀고 밀치고 책으로 때리기도 하고.
다소 과격한 장난을 치면서
캠퍼스 사이사이를 뛰어가는 지운과 여름이다.

S #45 (D - 한낮 / 초등학교 운동장 : 트랙)

S #44처럼 필사적으로 뛰고 있는 여름.
한 명, 두 명 제치기 시작한다.
그리고 드디어 1등으로 달리던 여자를 제치고 나가는데.

여름의 역전극에
농구 경기가 끝난 제훈과 다른 PD들도
여름이 달리는 쪽을 쳐다보기 시작하는.

여름 O.S 해준아.

S #46 (N - 밤 / 해준의 오피스텔 근처 골목)
; 과거 * 여름 31세 / 해준 31세

밤 산책을 하고 있는 여름과 해준.

여름 난 안 늙을 거다?
해준 (픽 웃는데. 그래도 사랑스러운 눈빛)
여름 (자기 손가락으로 자기 얼굴 튕기며) 요렇게. 물기 나는 채로. 평생을 살 거다?
해준 (또 픽 웃으며) 돈 많~ 이 들겠네.
여름 나는 그럴 수 있을 것 같지. 그치?
해준 (대답 피하는 듯 웃으며 딴 데 보는데)
여름 뭐야. 왜 대답 안 해? (해준의 허리에 장난스럽게 매달리며) 어? 대답 안 할 거야? (해준의 팔 사이로 얼굴 쑥 내밀고 웃으며) 안 해?

서로 웃는 해준과 여름.

난 안 늙을 거야.
이렇게 물기 나는 채로 평생 살 거야.
난 그럴 수 있을 것 같지. 그치?

S #47 (D - 한낮 / 초등학교 운동장 : 계주 트랙)

그때보다 훨씬 시든 여름이지만
여기서 1등을 하면
마치 늙지 않았다는 걸 증명할 수 있다는 듯
미친 듯이 달리고 있는데.

낡은 운동화의 밑창이 덜렁거리더니
결승점을 코앞에 두고
흙먼지 대차게 날리며
우당탕탕.

넘어진다.

여름의 요란한 넘어짐에 저쪽에서 보고 있던 해원도
수돗가로 가던 제훈도 모두 놀라 쳐다보는데.

넘어진 여름은
고개를 흙에 박고 죽은 듯 일어나지 않는다.
전력을 다 써버린 패잔병처럼.

어디선가 삑!! 삑!!
휘슬이 울리는.

S #48 (D - 한낮 / 초등학교 운동장 : 쉼터 천막)

다정 (더 오바해 놀라는 척) 허억... 얼굴 좀 봐... (지나가는데)

볼 한쪽이 싹 긁혀 커다란 반창고를 붙이고 멀뚱히 서 있는 여름.
무릎에도 커다란 반창고가 붙어 있는데.

해원 (페트병 물 하나 가져다주며) 나는 몰랐다. 니 꿈이 무려. 우사인 볼트일 줄이야...

여름, 창피하고 민망함에 대답 안 하고
애써 무심한 얼굴로 받은 물을 마시는데.

해원 (옆에서 같이 물 마시면서) 아니. 적당히 뛰시겠다면서요. (여름을 쳐다보며) 내가 보기엔 목숨을 걸었던데? 아니, 아무리 1등을 하랬다고 해도... (여름의 꼬라지 아래위로 흘겨보며) ... 이 정도까지는.

여름 (약간 허무한 듯) 그냥. ('그거 1등 하면 내가 젊고 싱그러웠던 과거로 돌아갈 줄 알았었나 봐.' 하는 느낌으로 물 한 번 마시고 멍- 하니 앞을 보고 있는데)

저쪽에서 성큼성큼 다가오는 제훈,

해원 (제훈 보고는 목소리 달라져서) 아. 안녕하세요. PD님.

제훈 (해원의 인사는 받는 둥 마는 둥) 아 네. (덥석 가까이 다가와 여름의 얼굴에만 집중한다) 좀 봐도 돼요?

여름, '뭘?' 하듯 쳐다보고 있자
제훈이 여름의 얼굴에 있는 반창고를 팍 들춘다.

여름, 갑작스러워
약간 움찔. 물러서는데.

제훈 (상처 보고 안심하는 얼굴. 혼잣말하듯) 흉터는 안 지겠네. (여름 꾸짖는. 저도 모르게 다른 사람들 앞에서 반말해버리는) 좀 적당히 하지 그랬냐.

힐난하듯 쳐다보곤
무표정하게 돌아서 가버리는 제훈에
여름보다 더 '뭐야?' 싶은 해원.

해원 (속사포) 뭐야. 저건? 관심이야? 타박이야? 짜증이야? 애증이야? 뭐야, 지랄이야? 쟤 갑자기 왜 저런대? 어? 야.

여름도
도무지 알 수 없다는 얼굴로 제훈의 뒷모습 쳐다보는데.

S #49 (D / 초등학교 내부 : 정문 로비)

탁!
눈앞에 놓이는 여름의 원래 신발.

여름이 경계하듯 앞을 보자

제훈 (신발 놓아주고는) 신어.

여름, 잠시 생각하는 듯싶더니
주섬주섬 운동화를 벗고 자기 신발을 신는.

그사이 제훈, 여름이 벗은 운동화를 확 채서
짜증 난다는 듯 휴지통에 던지며

제훈 (좀 화나서 말 빨라지는) 밑창이 너덜거리는데. 저걸 신고 달리라고 누가 갖다준 거야?

여름 (신발 툭툭 신으며. 덤덤한) 그냥. 어디서. 누가 주워 왔더라구요.

다 신고 탈탈 걸어가는 여름, 정문 쪽에 서서 '어디로 가지?' 하다
왼쪽으로 가려고 걸음을 떼는데.

제훈 O.S 한여름.

여름, 제훈의 목소리에 멈칫.
그리곤 천천히, 무표정하게 '왜?' 하는 얼굴로 제훈을 돌아보자

제훈 (앞과는 다른 눈빛. 눈빛에 웃음기 있다) 저녁에 뭐 해?

여름 (뭐?)

제훈 (앞의 말투와는 상당히 다른. 장난기가 있다, 좀 웃는) 영화 볼래?

여름 (어?)

제훈 (좀 더 웃으면서) 싫음 말고.

언젠가 만났을 때처럼
장난스러운 얼굴로 여름을 보고 있는 제훈에

적당히 좀 하지 그랬냐...

적당히 좀!

묘하게 망설이는 듯한 얼굴이 되는 여름.

S #50 (D - 오후 / 방송국 앞 프랜차이즈 커피집 : 야외)

카톡 소리 연이어 들리자
커피 집 테라스 의자에 앉아 있던 여름이
의자를 테이블에 가깝게 쭉 끌어당기곤 휴대폰을 확인한다.
무표정하다가
계속 오는 카톡을 확인하고는 아주 희미하게 미소 지을 듯하며
다다다 답장을 하기 시작하는데.

해원 (커피 들고 자리에 앉으려다 여름의 카톡 훔쳐보며) PD님. 저는... 아직... 저녁 안 먹...

여름 (확 놀라 휴대폰 팍 뒤집고 해원 보는데)

해원 (자리에 풀썩 앉으며) 내가 너 이럴 줄 알았지.

여름 (무조건) 아니야.

해원 아무 사이도 아니라면서요. (오제훈 부분만 작게 말하며) 오제훈은 모든 여자들한테 다 그렇다면서요.

여름 (애써 아무것도 아니라는 듯. 하지만 무조건 우기는 느낌이라 말이 빠르다) 아니야. 그냥 영화 한 편만 본 거야. 시간이 아주 남아서.

해원 ('웃기시네.' 째려보는데)

여름 진짜야.

해원 (뭔가 말하려고) 너어,

해원이 한마디 하려는데 카톡 소리.

여름, 기다렸다는 듯 단숨에 카톡 확인하자

해원 아이코. (휴대폰 안으로 들어갈 듯 카톡 하고 있는 여름이 기막혀) 야. 아주 거기 들어가겠다. 너.

해원의 반응과는 상관없이
약간 달뜬 표정으로 카톡에 집중하고 있는 여름.

S #51 (D - 늦은 오후 / 지상파 방송국 사무실)

연이어 들리는 카톡 소리.
자리에 앉아 휴대폰을 확인하는 제훈.

지영 [오늘 어떻게 할 거예요?]
지영 [내가 그쪽으로 가면 되나? 몇 시까지?]

제훈, 무심히 답장하려는데.
또 오는.

지영 [보고 싶다]

제훈의 표정은 조금도 변하지 않는다.
여전히 무표정하다. 지루해 보이기까지 한데.
답장으로 뭔갈 적고
휴대폰 툭 책상에 던지듯 놓는 제훈.

우르르 쾅쾅. 천둥소리에 창밖을 보니
비가 막 쏟아지기 시작하고 있다.

S #52 (N - 새벽 3시쯤 / 코엑스 앞)

제훈 O.S 그게 그렇게 어려워?

비가 막 쏟아지다 멈춘 하늘.
그 하늘을 올려다보고 있는 여름에게
제훈이 물었다.

새벽.
멀티플렉스 영화관 앞에서 택시를 기다리고 있는 둘.

여름 ('무슨 소리?' 제훈을 돌아보자)
제훈 (눈 마주치기 민망해 앞만 보며 얘기하는) 그냥 만나는 거.
여름 (어?)
제훈 (앞만 보고 얘기) 그냥. 아무 생각도 안 하고. 만나보는 거. (여름 쳐다보며) 너한텐 그게 그렇게 어렵나 싶어서.
여름 (대답하려는데)
제훈 (앞 보고) 나는 그냥 편하게 살고 싶거든.
여름 (그 말에 말문 막힌. 옆모습 쳐다만 보자)
제훈 그냥. 아무 생각 안 하고, (여름을 바라보고. 진심) 편하게 살고 싶어.

아무 말 못하고 제훈을 바라보기만 하는 여름.

그게 그렇게 어려워?
그냥 만나는 거.
그냥 아무 생각 안 하고...
그냥 만나보는 거...
너한테는 그게 그렇게 어렵나 싶어서.
난 그냥...
편하게 살고 싶어.

그 말에 생각나는 사람이 있다.

비가 그친 하늘에 천둥이 한 번 더 친다.

S #53 (N - 저녁 무렵 / 지상파 방송국 앞 현관)
; 2회 S #32 연결

천둥이 치고
비가 쏟아지기 시작하는 저녁 무렵.
사람들 모두 우산을 쓰고 가는데
우산 없는 여름은 난감한 듯
현관에 서서 비를 바라만 보고 있는.

'어떡하지?' 잠시 망설이던 여름.
'한번 해볼까?' 싶은 마음으로 휴대폰을 조심스레 꺼내
[제훈 PD]를 검색한다.
[통화] 버튼을 누르기 전에도 잠시 망설이긴 하지만
약간의 설레는 감정을 안고 꾹.
버튼을 누르려는 찰나
여름 앞으로 쓱- 지나가는 무언가.

그걸 본 여름, 휴대폰을 들었던 손을 툭. 내려놓으며
예전처럼 무표정한 얼굴이 돼버리는데.

해원 O.S 너 내가 분명히 경고했다.

S #54 (D - 오후 / 지상파 방송국 일각)
; 1회 S #50 같은 날

해원 (단호한 얼굴) 한 번도 아니고, 두 번이나. 똑같은 사람한테. 똑같은 수법으로. 똑같이 당하면.

여름 (충고 제대로 안 듣는. 조금은 기분 좋은 얼굴로 뜨거운 커피를 호로록 마시며 걷는데)

해원 (정신 차려) 그땐 너 오제훈 나쁜 놈이라고 욕할 자격도 없어.

S #55 (N / 여름의 집 앞 좁은 골목길)

비는 그쳤지만 비에 쫄딱 맞은 차림으로
집으로 돌아가고 있는 여름.
터벅터벅 허무한 듯 걷고 있다.
한 방울 두 방울
비가 조금씩 내리다 점점 쏟아지는데.

해원 E / 그건 그냥 니가 멍청한 거거든?

여름은 비를 피하지도 않고
그대로 맞으며 걷는.

〈플래시 컷〉 - 1회 S #52

제훈 아무 생각 안 하고, (여름을 바라보고. 진심) 편하게 살고 싶어.

해원 E / 아니면

<u>*〈플래시 컷〉 - 2회 S #14*</u>

여름 *나 욕심 많은 거 알잖아. 난 편하게 살고 싶어.*

누군가를 쳐다보는 여름.

해원 E / 니가 벌을 받고 있는 거던가.

걷다가 뚝 멈추는 여름.
무슨 생각을 하는지 알 수가 없다.
그런 여름 뒤로 세차게 쏟아지는 비.
그 뒷모습이 점점 멀어지는데.

S #56 (D - 오후 / 지상파 방송국 일각)

여름 알았어. (대충) 알았다구. (뜨거운 커피 호로록)
해원 (비꼬는) 대답은 잘하지. 대답이 우사인 볼트감이야.
여름 (커피 마시며 픽 웃는데)
해원 (아이스 아메리카노 스트로로 쭉 마시곤) 근데 너 휴가 언제랬지?
여름 왜. 뭐 사다 줘?

"면세점이나 들렀다 와." 말하는 해원에게
웃으며 커피 한 모금 마시곤 "뭐가 필요한데? 어?" 대답하는 여름.
그들의 웃음소리가 잔상처럼 남는다.

아니면...
네가 벌을 받고 있는 거든가.

S #57 (D - 해가 지는 오후 / 기내)

땡땡 안내방송 흐르는 비행기에 탄 여름이
자기 자리 찾아 짐을 올려놓고, 풀썩 앉는다.
안전벨트를 하고 책을 펼쳐 드는데
곧 출발한다는 기내방송.

가만히 비행기 창밖을 내다보는 여름.

비행기가 서서히 출발하자
창밖의 비행기 정비공들 두세 명이 일렬로 서서
출발하는 비행기를 향해 손을 흔들어주고 있다.

아련한 듯 그 모습 바라보다
저도 모르게 그들을 향해 '안녕' 인사하듯
손을 흔들어주는 여름.

표정이 보이지는 않지만
그 사람들이 웃고 있는 것만 같아
여름 역시, 손을 흔들며 희미하게 웃어 보이는데

비행기 창으로 들어오는 노란 햇살에
희미하게 번지는 미소.

고오오오 굉음을 내며

비행기가 출발한다.

S #58 (D - 한낮 / 고택 골목에서 지운의 집)

맴맴 매미 소리 요란하게 울려 퍼지고
쨍쨍 해가 내리쬐는 한여름의 골목.
전통가옥들이 다닥다닥 붙어 있는 길이다.

곤충채집망을 든 아이, 양산을 쓰고 걷는 엄마.
여름 풍경 이어지다 한 고택에서 새어 나오는 소리.

뉴스 앵커 E / (작은 소리) 연일 이어지는 폭염에 수산시장의 얼음 사용량은 두 달 새 세 배 가까이 늘었습니다.

그 집 너머로 들어가면 대청마루 있는 고택의 거실에
누군가가 틀어놓은 TV 소리가 옅게 나오는데.

뉴스 앵커 E / (작은 소리) 모처의 한 얼음 제조업체. 직원들이 트럭 가득 얼음을 실어 나르고 있습니다. 흔하게 여겼던 얼음이 폭염에 귀한 몸값이 되고 있군요.

부엌의 냉장고에서 문 여닫는 소리가 들리고
곧 반바지에 헐렁한 티셔츠를 입은 지운이
냉동실에서 얼음 몇 개를 집어 입에 넣고 와그작와그작 씹으며
거실로 턱턱 걸어 나온다.

거실 구석에 있는 선풍기를
발로 눌러 켠 뒤
그 앞에 털썩 앉아 선풍기 바람 맞으며
뉴스 소리를 듣는데

뉴스 앵커 E / (좀 커지다가 점점 작아지는) 다음 소식입니다. 미국의 한 아파트에서 우리나라 30대 여성이 사망 후, 3일 뒤에나 발견이 되었습니다.

얼음 다 먹고 선풍기에 얼굴 대고 장난스럽게 입 벌린 채
'아아아아.' 하고 있는 지운.

뉴스 앵커 E / (작아지다 사라지는) 현지 시각으로 오후 세 시쯤 발견된 여성의 사체는

그러다 뉴스에서 무슨 소리를 듣고
획 TV 쪽을 보는 지운.

탈탈탈 돌아가는 선풍기 소리만 들리고.
순간 TV를 바라보며 멍- 해진 지운의 뒤통수.

S #59 (D - 한낮 / 현진의 은행)

은행 특유 소음 속
"최현진 씨!" 부르는 지점장의 외침에도
인터넷으로 뭔가를 보고

뚝 멈춰 있는 현진의 얼굴.

라디오 뉴스 소리 (여성 리포터) E / 30도를 웃도는 폭염에 외출하기 겁나실 텐데요. 특히, 실외에서 작업하는 분들은 더 취약할 수밖에 없습니다.

S #60 (D - 한낮 / 올림픽대로 위 제훈의 차 안)

라디오 뉴스 소리 (여성 리포터) E / 이에 경기도가 폭염 피해를 예방코자 폭염 감시체계 운영에 들어갔습니다.

라디오를 틀어놓고 운전하는 제훈,
진동 소리가 들리자 라디오를 끄고, 전화를 받는다.

제훈 어. 다정아. 내가 운전 중이라서... (뭔가 듣고, 어이없는) ...... 뭐?

멍하고 맥없이 전화를 끊는 제훈.
띵- 한데.

뭔가 생각난 듯 다급히 라디오를 켜자
라디오 뉴스가 이어 나오고 있다.

라디오 뉴스 소리 (남자 아나운서) E / 사망자는 한여름 씨로, 휴가차

확인하면 안 될 걸 확인한 듯
서둘러 라디오를 뚝 꺼버리는 제훈.

cut 1 》

깜빡깜빡

올림픽대로 갓길 위

비상등 켜진 제훈의 자동차.

cut 2 》

그 옆을 아무렇지도 않게

쓱쓱 지나치는 차들.

cut 3 》

그리고 멀리서 비치는

제훈의 차가 있는

올림픽대로 풍경에서.

- 1 ; 끝 -

2 ; 여름의 시작

안녕. 잘 가세요.
가서 행복하세요.

S #1 (D - 오후 / 지상파 라디오국 휴게실)

여자 PD O.S (자판기 커피 가져와 제훈 앞에 앉으며, 해외토픽이라도 되듯) 진짜야?

PD수첩 펼쳐놓고
프랜차이즈의 아메리카노를 마시고 있던 제훈, 대답을 않는.

여자 PD 한여름 죽은 거?
제훈 (약간 텀 둔 뒤 말없이 커피 한잔 마시곤) 네.
여자 PD 그럼 자기네 작가 어떡해? 거기 막내는 연차도 낮잖아. 당장 오늘 원고부터가 문제겠네.
제훈 일단, 여름 씨랑 친했던 그... 장해원 작가가 도와준다고는 했어요.
여자 PD (자판기 커피 마시며) 좋겠다. 당장 구할 수 있어서. 나였어 봐. 완전 멘붕이었을 텐데. 작가 복 진짜 많아, 자긴.
제훈 (씁쓸한 듯 커피를 마시는데)
여자 PD 근데... (이게 진짜 궁금. 눈 반짝) 어떻게 죽은 거래?

대답하려는데
제훈의 휴대폰으로 전화가 온다.

[전부인 김아영]

그걸 흘끗 본 여자 PD가 또 한마디.

여자 PD (비아냥) 대단하다. 그게 뭐냐? 이혼했다고 광고하는 거야? 누가 볼까 무섭지도 않아?

제훈 뭐가 무서워요. (수첩 챙겨 일어서며) 보라고 해놓은 건데. (다른 쪽으로 걸어가며 전화를 받는다. 냉정) 어. 왜.

여자 PD, 그런 제훈을 보며 '대단하셔.' 비아냥거리는 느낌으로 고개를 가로젓다가 후배 PD 지나는 걸 보고

여자 PD (빠르게 손짓) 혜진아! 혜진아! 들었어? 한여름 작가 죽은 거 맞대.

"정말요?" "웬일이야." "어떻게요?" 하면서
여자 PD에게 다가오는 후배 PD.
둘이 수군수군거리는데.

저쪽에서 전화를 끊은 제훈에게 바로 카톡이 온다.

지영 [오늘 녹음이에요? 생방이에요?]

제훈, 빠르게 답장하는.

[생방]
[끝나곤 괜찮은데]

지영에게 답장을 보내고 있는데
또 다른 카톡 알림을 보면 또 다른 여자다.

효진 [오늘 볼까?]

제훈, 또 빠르게 답장하는

[내일 보자. 내일 집으로 갈게]

효진과 지영에게 카톡을 번갈아 하며
사무실 쪽으로 저벅저벅 걸어가는 제훈.

S #2 (D - 오후 / 지운의 대기업 사옥 : 연구 1팀 사무실에서 사옥 정문까지)

지운 (차분한 어조, 기운 없게) 부장님.

지운의 사무실.
부장님 책상 앞.

부장 (자리에 앉아 서류 보며, 건성) 말씀하세요.
지운 (힘없는) 저 오늘 반차 좀 내겠습니다.
부장 ('대체 왜?' 하는 얼굴로 쳐다보자)
지운 (슬픈 듯 먹먹. 연기하는) 제가 어딜 좀 급하게 가봐야 돼서요.
부장 어디?
지운 (거짓말해야 돼서 눈 딴 데 보며) ... 여자친구 (헛기침 한 번 하고) ... 장례식장?
부장 김 대리 여자친구가 죽었어?
지운 아뇨. 예전에 만났던 친구 하나가...
부장 ('니가 거길 왜 가?' 하는 얼굴이면)
지운 (오바. 연기톤) 부장님. 부장님 정말 건조하시네요. 부장님 뉴스 안 보세요? 그 미국 아파트 총살?

부장　(아는 척) 아... 그거... 보긴 봤는데...

지운　(약간 울컥. 오바) 그게 제 여자친구였다고요, 부장님!

부장　('아 그래? 그래서 뭐 어쩌라고?')

지운　(호소. 오바) 부장니임!

부장　(좀 짜증) 아. 왜에.

지운　(줄줄. 오바) 부장님은 첫사랑 같은 것도 없으신가요? 한때! 온몸을 다해! 뜨겁게 사랑했던!!

부장　(귀찮다) 가.

지운　정말요?

부장　('귀찮아.' 손 훠이훠이 하며) 가. 가가가.

지운　(오바) 감사합니다. 부장님. (꾸벅 인사하는) 안녕히 계십쇼!

뒤돌아 사무실을 나오는 지운.
방금 전과는 다르게 '아싸!' 하는 표정이다.

혜리　(복도에 숨어 있다가 쏙 나와. 속닥) 성공?

지운　(씨익 웃으며, 주먹 쥐고 불끈) 예스.

혜리　뭐라고 했는데?

지운　(아무렇지도 않게) 한여름 죽었다고.

혜리　어우야. 아무리 그래도 그런 뻥을 치면 어떡해.

지운　(가면서) 뻥 아닌데?

혜리　(놀란 토끼 눈) 진짜?

지운　(아무렇지도 않게) 어. 죽었드라.

혜리　(말도 안 돼) 에이.

지운　(무덤덤) 진짜야.

혜리　정말? 어떻게 죽었어? 왜?

지운 (시큰둥. 내 일이 아니라서) 몰라. 뉴스에도 나왔어.

혜리 웬일이야.

지운 (무덤) 그르게.

사옥 현관 쪽으로 걸어가는 두 사람.

혜리 근데 자긴 안 슬퍼?

지운 (정말 모르겠다) 글쎄.

혜리 (안 슬프다니까 괜히 더 좋아서) 어우. 너무한 거 아니야? 그래도 전 여친인데.

지운 (상관도 없다) 뭐 먹지? 아, 어디 갈까? 응? 어?

혜리 (기분 좋아 지운 말투 따라하는) 글쎄에~?

햇빛이 쏟아지는 사옥 밖으로 문을 열고 나서는 두 사람.
햇살이 노오랗다.

S #3 (N - 밤 / 시내 호프집 : 야외 테라스)

노오란 조명 아래
호프집의 야외 테라스.

지용 (맥주 한 잔 하고는) 야. 넌 진짜 아무렇지도 않냐?

회사 끝나고 시내 호프집에서 한잔하는 지용과 현진이다.

현진 (앞에 있는 마른안주 중 오징어 씹으며) 그럼 울어?

지용　야. 그래도 사람이 죽었어.

현진　('그게 딱히 내 앞에서 죽은 것도 아니잖아.' 무심히 마른안주 씹는데)

지용　게다가 첫사랑.

현진　(질겅질겅 씹으며, 혼잣말하듯) 첫사랑 같은 소리 하고 자빠졌네.

지용　와. 난 기분이 좀 이상하던데. 어떻게 넌 사겼는데도. (맥주 한 모금)

현진　(무상관) 고등학교 때 만났던 애다. 얼굴도 가물가물해.

지용　아니. 그래도 그렇게 좋아해놓구서는.

현진　야. 내가 진짜 좋아했었던 애는 김지은이었지. 기억 안 나? 음대 여신 김지은?

지용　아... 걔... (기억난다) 이뻤는데.

현진　(이쁜 애들은 생각만 해도 뿌듯하다. 웃으며) 그치.

지용　걔는 아직도 이쁘겠지? 하긴. 이쁜 애들은 나중에 봐도 이쁘기만 하드라.

현진　확 망가지는 애들도 있긴 있어.

지용　('이쁜데 어떻게 망가지지?' 믿을 수가 없네) 누구! 누가?

"니 와이프?" 장난치는 현진에게
"어쭈? 너 지금 내 마누라 욕하냐?" 지용.
"욕이라니. 칭찬이겠지."
"(휴대폰 들면서) 뭐? 이게 진짜. 너 내가 지금 미경이한테 전화할 거야."

웃으며 투닥이는 둘 뒤로
배경으로 들리던 음악이 점점 더 커지는데.

S #4　(N - 새벽 12시 5분쯤 / 라디오 생방송 스튜디오)

음악이 나오는 생방송 스튜디오 문을 열고
해준이 들어오자 콘솔 앞에 앉아 있던 제훈,

제훈　(일어서며) 오셨어요?

해준, 말없이 고개로 인사하는.
그사이 다정이 함박웃음 지으며 종종 다가가

다정　(게스트 앉는 소파로 안내하며) 여기 앉으세요. 여기 앉으시면 돼용.

해준, 안내해준 곳에 말없이 앉는다.

다정　뭐 드실래요? 커피? 녹차? 아님 그냥 찬물? 아! 미온수 드릴까용?
해준　(다정을 향해 덤덤) 괜찮습니다.
해원　(컴퓨터 하면서 조용히, 다정에게) 원고나 드려.

다정, 종종거리며
자기 컴퓨터 앞에 있는 원고를 해준에게 주며.

다정　(과하게 눈웃음치며) 이건 원고구요. 뭐, 보실 필욘 없어용. 어차피 DJ 오빠가 다 알아서 하거든용. 그냥 편하게 말씀하시면 된답니당! (말하고 그 앞에 서서 해준이를 뜨끈하게 쳐다보고 있는데)

C 스튜디오

해준은, 다정이 말을 하든 말든
고개 푹 숙인 채 원고만 숙지하고 있다.

제훈 (해준에게) 생방송은 처음이신 거예요?
해준 (제훈의 말에만 반응, 고개 들고는) 아, 몇 번 했었어요.
제훈 그럼 뭐, 걱정은 안 해도 되겠네요.
해준 (약간 미소 짓는데)

음악이 끝나고 광고가 나가기 시작하자

제훈 (해준 보며) 이제 들어가시면 됩니다.

해준이 자리에서 일어나자
그 앞에 있던 다정이 종종거리며
해준을 내부 스튜디오 앞까지 안내해준다.
문도 열어준다.

내부 스튜디오로 들어가
DJ와 인사하는 해준의 모습을
컴퓨터 앞에 앉아 가만히 바라보고 있는 해원의 시선.

S #5 (N - 새벽 12시 55분쯤 / 라디오 생방송 스튜디오)

다정 (컴퓨터 앞에서 벌떡 일어나며) 수고하셨습니당!

생방송 내부 스튜디오의 문이 열리고 해준이 나온다.
제훈도 "수고하셨어요. 말씀 잘하시던데요?" 인사하자
해준, 웃으며 응대하곤
고개 꾸벅 숙이고 나가려다 잠시 멈칫하자

다정 (바로 포착하고 잽싸게 달려가서) 왜요? 왜요? 뭐 필요한 거 있으세요? (기대하는 마음) 뭐 궁금한 거 있으신 거예요? 네?

해준 (물어볼까 말까 망설이다. 말하기 어려운 듯) 저...

해원 (컴퓨터 앞에 앉아 해준을 가만히 지켜보는데)

해준 여기 작가는 (여전히 망설이다가. 1초 텀) ... 이쁜입니까?

그 말에 눈빛이 좀 달라지는
제훈과 해원.

제훈 (살짝 뜸 들이다) ... 예.

해준 ('그럼 아니었나 보지.' 하는 얼굴로) 예. 알겠습니다.

스튜디오 문을 나서는 해준.
제훈은 약간 한숨 쉬며 콘솔로 돌아서고.

다정 (시무룩한 얼굴로 털털 컴퓨터 쪽으로 걸어오며. 원래 목소리로 돌아온) 에이, 뭐야. 전화번호라도 주는 줄 알았네. 뭐 하나 건지나 했더니만..

갑자기 컴퓨터 앞 해원이 벌떡 일어나더니
서둘러 스튜디오 밖으로 나간다.

제훈과 다정, 모두 '뭐야?' 하는 얼굴로
해원이 나간 자리 바라보는데.

S #6 (N - 새벽 1시 / 라디오 생방송 스튜디오 접견실)

해원 (급하게) 잠깐만요.

생방송 스튜디오 접견실에서
또 다른 문 쪽으로 나서려던 해준,
해원의 목소리에 뒤돌아보자

해원 (약간 숨 헐떡거리며) 혹시.
해준 (보는)
해원 한여름,
해준 (이름에 멈칫)
해원 찾으세요?
해준 (대답 않고 가만히 보기만 한다. '어떻게 대답을 해야 할까.')
해원 저 여름이랑 친했던 선배예요. 장해원이라고 합니다.
해준 (건조) 예.
해원 그쪽 얘기, 많이 들었어요. 여름이한테.
해준 ('그렇군요.' 하는 얼굴) 아. 네.
해원 여름이.
해준 (건조한 눈빛으로 해원을 보고 있자)
해원 죽었어요.
해준 (놀랐지만 놀란 티는 안 난다. 침묵이 이어지는)
해원 지난주에.

해준 (조금 뜸 들이다가. 더 이상 할 말이 없어서) 그렇군요. (죽었다는데 딱히 또 할 말이 없다. 가려고 뒤돌아서는데)

해원 O.S 저기요!

해준, 이번에는 약간 귀찮다는 얼굴로
해원을 돌아보자

해원 6년이나 지난 일이라, 그쪽은 아무 상관 없다는 거 저도 잘 알고 있는데요.

해준 ('근데?' 하는 듯 보고 있으면)

해원 여름이가, 6년 내내. 그쪽한테 하고 싶어 했던 말이 있어서요.

해준 (건조하기 짝이 없는) 알아야 되는 얘깁니까?

해원 이왕이면.

해준, 해원을 가만히 쳐다보는데.

해원 언니. 난, 그 사람한테 항상

S #7 (D - 한낮 / 여름의 거리)

한낮, 햇빛에 비친 여름의 얼굴.

여름 미안해.

S #8 (N - 새벽 1시 넘어 / 라디오 생방송 스튜디오 접견실)

JCBS
93.9

얘길 들은 해준.
묵묵히 해원을 바라보고 있다가
목례하고
아무 말 없이 자동문을 열고 나간다.

남겨진 해원, 슬프고 허무한 듯한 얼굴로
뒤돌아서 터벅터벅 스튜디오 쪽으로 걸어가
스튜디오의 육중한 문을 닫는다.

S #9 (N / 지상파 라디오국 사무실 내 작가실)

후배 작가 자살이라는 건 또 뭐야?

작가들이 다닥다닥 붙어서 작업하고 있는
사무실 내 좁은 작가실.
여자 작가들 모두 일을 하다 말고
여름의 죽음으로 수다 삼매경이다.

동기 작가 (가십처럼) 그런 말도 있더라구. 너무 이상하잖아. 휴가차 미국 언니네 가서 혼자 있다가 총 맞아 죽는 게 말이 돼?
후배 작가 (동기 작가에게) 총 맞았대요?
다정 ('나는 다 알아.' 느낌) 총 맞았지.
후배 작가 (다정에게 달려드는) 누가 쏜 건데? 누가?
다정 뭐, 뉴스에선 강도라고 하는데... 것도 좀 이상하고.
후배 작가 강도오?

동기 작가 (고개 흔들며, 컴퓨터로 원고 쓰며) 어우. 진짜 무서운 세상이다.

다정 근데 아직도 범인도 못 잡았고. 강도의 소행인지도 확실치 않고. 뭔가 느낌적인 느낌이 이상한 거지.

후배 작가 그럼... 자살? (오바해서 걱정하는 느낌으로) 어뜩해에.

동기 작가 걔가 우울증 같은 게 있었나?

다정 (동기 작가에게) 약간 시니컬하긴 했죠. 게다가 완벽주의 성격. 그리고 그 언니 연애도 못하고. 뭔가 더럽게 우울한 인생이긴 했어요.

후배 작가 (작은 목소리로 쑥덕) ... 오제훈 PD랑 그렇고 그런 건 뭔데...?

다정 (얄미울 정도) 그것도 혼자 좋아해서 난리 친 거. 죽고 싶긴 했을 거야.

동기 작가 그래도 여름이 정도면 반반하지 않나? 남자들한테 매달릴 정도는 아니잖아.

다정 (비웃는) 언니. 서른일곱이 반반하면 뭐해요? 완전 철 지난 노땅인데. 언니는 결혼을 했잖아요. 결혼을 안 하면요. 여름 언니처럼 히스테리, 히스테리. (나 너무 힘들었잖아~) 아우. 우리 팀 그거 때문에 진짜 힘들었잖아요. 그러니까 본인은 또 얼마나 힘들었겠냐고. (얄미움의 극치) 자살할 수도 있지, 뭐. 안 그래요?

후배 작가, 동기 작가가
'그런가...' 하는 얼굴로 다정을 보고 있는데

해원 O.S 니들은 앉아서 원고 대신 소설을 쓰고 있구나.

셋, 돌아보니 대선배 해원이 서 있다.

헉.

다정이 가장 겁에 질린 표정으로
제일 먼저 컴퓨터를 하는 척하는데.

해원 사람이 죽은 게 그렇게 우습구... (약간 울컥) ... 재밌니?

동기 작가가 작은 목소리로 "죄송합니다." 한 뒤
머뭇머뭇 일을 하고 후배 작가는 일어나
고개를 푸욱 숙인 채 작가실을 빠져나간다.

해원의 처연한 표정.

S #10 (D - 오후 / 방송국 앞 아이스크림 집 : 야외)

여름 O.S 왜에. 난 우습고 재밌으면 좋겠는데.

방송국 앞 아이스크림 집 야외 철제 의자에 나란히 앉아
아이스크림을 먹고 있는 해원과 여름.

해원 장례식이?
여름 응. 외국에서는 장례식이 유쾌하대. 그 사람 좋은 곳으로 가라고 보내주는 의미가 있어서 다들 웃고 즐긴대.
해원 (이해 안 돼, 아이스크림 한입 먹으며) 조따 쿨하다.
여름 내 장례식도 그랬으면 좋겠어. (활짝 웃으며, 손 팔랑팔랑 흔들며) 안녕! 잘 가세요!! 가서 행복하세요!! 한여름 양!!
해원 (손까지 흔드는 여름을 창피한 듯 보며) 헐. 너 좀 이상해.
여름 (뭔가 대단한 걸 말하려는 듯) 그리구. 내 장례식에는.

해원　(아이스크림 먹으면서 쳐다보면)

여름　내가 만났던 남자들이 다 와줬으면 좋겠어.

해원　(어이가 없네) 뭐?

여름　결혼식엔 못 오니깐 장례식에라도 와주면 얼마나 좋냐?

해원　(쟨 미쳤어. 절레절레) 사람이 곱게 늙는 게 중요하다니깐? 나처럼.

여름　엄청 빛났었던 것 같은데 (약간 시무룩) 단숨에 초라해졌어.

해원　(가만히 아이스크림 먹고 있으면)

여름　(쓸쓸) 꼭 누가 불 끄고 가버린 것 같애. 분명… 사방이 빛이었던 때도 있었던 것 같은데.

S #11　(N - 밤 / 홍대 작은 호프집)

남 게스트　아, 한 작가님은 나이가 어떻게 되세요?

회식 자리.
남자 게스트 하나가 여름을 호감 있게 바라보며 묻자

다정　(자기가 대신 대답. 랩 하는 줄) 이 언니 서른일곱이요. 서른일곱. 저는 스물다섯이에용.

남 게스트　(나이에 확 굳어지는) 아… 서른… 일곱이요?!

여름, '그래. 너도 다 그렇지 뭐.' 하는 느낌으로
앞에 있는 맥주 한 모금 벌컥 마시는데.

S #12　(D - 오후 / 방송국 앞 아이스크림 집 : 야외)

해원 야. 난 서른아홉이야. 죽으라는 거냐?

여름 (웃으며) 그러지 말구 내가 먼저 죽으면 언니가 좀 불러줘. 내 구 남친들.

해원 왜. 불러서 뭐하게. 빰이라도 한 대 치게?

여름 고맙습니다.

해원 ('엉?' 쳐다보면)

여름 이렇게 별거 아닌 나를. 한때라도 빛나게 해준 당신. (해원 보면서 웃으며) 감사합니다.

해원 (약간 짠해지는데)

여름 김지운 군은 지금이라도. 저한테 꿔간 6만 원. 갚으십쇼.

서로 웃는 둘.
두 사람 뒤로 쏟아지는 햇빛에
반짝이며 웃는 여름의 얼굴.

소이 O.S 오빠.

S #13 (D - 오후 / 해준의 오피스텔)
; 1회 S #12, 1회 S #14 연결

소이 오빠. 나를.

해준, 그런 소이를 가만 보는데.

소이 (커다란 눈에 어느새 눈물이 가득 담겨) ... 사랑하긴 해요?

이렇게 별거 아닌 나를
한때라도 빛나게 해준 당신
고맙습니다.

그 질문을 하는 소이를 바라보는 해준,
차가운 얼굴이다.
생각할 것도 없다는 듯 쾅 현관문을 닫아버리고
거실의 냉장고 쪽으로 저벅저벅 걸어가
냉장고 문을 팍 여는데

S #14 (D - 오후 / 해준의 오피스텔)
; 1회 S #13 연결
; 과거 * 여름 31세 / 해준 31세

해준 결혼하자, 우리.

냉장고 앞에 서 있던 여름이
해준의 말에
해준이 앉아 있는 소파를 물끄러미 바라본다.

해준 (그런 말 해놓고 태연하게 음악잡지만 넘기며) 왜. 당황스러워?
여름 (냉장고에서 꺼낸 작은 페트병에 담긴 물 한 모금 마시곤) ... 조금.
해준 (대수롭지 않은 듯 계속 잡지 보며) 언제 할까.
여름 (대답 없이 가만히 해준을 바라만 보는데)
해준 (대답 없자 고개 들고 바라보며, 살짝 웃으며) 왜.
여름 (결심, 말해야겠다) 해준아. 나.
해준 (쳐다보면)
여름 결혼 안 해.
해준 (표정이 순식간에 변하는데)

여름 (쐐기) 너랑은.

해준, 약간 멍한 듯 여름을 보는데.

여름 나 욕심 많은 거 알잖아. 난 편하게 살고 싶어.
해준 (이해가 안 돼) 내가 널 불편하게 만들 것 같아?
여름 (고개 한 번 도리)
해준 그럼.
여름 (조곤) 둘 다 불안정한 직업에. 둘 다 평범한 집안의 아들딸. 둘 다 현재 가진 돈은 1억도 안 돼. 그래도 물론 불편하진 않을 거야.
해준 (차가워진 얼굴로 보고 있으면)
여름 하지만 난 욕심이 많잖아. 그보다 더... 내 삶이 나았으면 좋겠어. 그래서 아마.
해준 (눈길 거두지 않고 보고 있으면)
여름 니 옆에서 평생 불행할 거야. 그래도
해준 (결국 그런 말이구나. 보면)
여름 ... 괜찮아?
해준 하나 묻자. 한여름. 넌,

여름, 쳐다보면

해준 날 사랑하긴 해?

그 말에 해준을 슬픈 듯 바라보는 여름.

S #15 (D - 오후 / 해준의 오피스텔)

너... 나 사랑하긴 해?

냉장고 문을 쾅! 닫고
안에서 꺼낸 작은 페트병의 물을
벌컥벌컥 마시는 해준.

S #16 (N - 저녁 / 고급 레스토랑)
; 1회 S #9 연결

현진 (먹으려다 말고 티슈로 입가 찍는 모습 지켜보면서, 혼잣말하듯) ... 첫사랑.

소개팅녀 (앞에 있는 와인 예쁘게 한 모금 하며) 왜, 남자들은 첫사랑을 못 잊는다고 하잖아요. 평생 가슴에 담아둔다고.

현진 (와인까지 예쁘게 먹는 모습에 더 시니컬해진. 원래대로 의자에 기대앉으며) 전 첫사랑 없는데요?

소개팅녀 ('??' 하는 얼굴로 현진을 바라보는데)

현진, 생각난다.

S #17 (N - 저녁 어스름 / 여름·현진의 고등학교 근처 길)
; 과거 * 여름 18세 / 현진 19세

지용 야! 최현진.

교복 입은 고등학생 현진과 지용이
학교가 끝나고 버스 정류장 쪽으로 걷고 있는데.

지용 저거 한여름이 아니냐?

버스 정류장 근처의 햄버거 가게에서
고등학생 여름과 남학생 한 명이 마주 앉아 햄버거 먹고 있다.

지용 니 여자친구 지금 저기서 뭐하고 있냐?

뭐가 웃기는지 남학생을 보며
깔깔깔 박장대소하는 여름.

지용 근데 쟤 오늘 독서실 간다고 하지 않았어?

햄버거도 와그작 잘도 먹고 있다.

지용 근데 쟤 햄버거도 못 먹는다고 하지 않았었냐?

그 모습을 배신당한 얼굴로 바라보는 현진.

지용 (넘어갈 듯 웃고 있는 여름을 보며) 그보다 나 쟤 저렇게 웃는 건 또 처음 보네?

현진, 확 짜증 난 얼굴로 앞서 가버린다.

지용 야, 최현진! 같이 가! 화났냐?

S #18 (N - 저녁 / 고급 레스토랑)
; 1회 S #9 연결

현진 그게 무슨 사랑이에요.

소개팅녀, 잘 이해가 되지 않는다는 얼굴로
현진을 보자

현진 (자세 고쳐 앉으며, 덤덤하게) 그냥 찧고 까분 거지.

피식 웃는 현진.
앞에 있는 와인을 벌컥 마신다.

S #19 (D - 오후 / 지운의 대기업 사옥 옥상)
; 1회 S #6, 1회 S #8 연결

혜리 (펄펄 뛰며) 술 처먹고 전화기 또 꺼놓은 건 너야!

지운, 펄펄 뛰고 있는 혜리를
지겨워 죽겠다는 얼굴로 쳐다보고 있다.

혜리 (짜증짜증) 너 대답해봐! 잘했어, 잘못했어?
혜리 (닦달) 아, 대답해보라고!
지운 (이 상황을 피해버리고 싶어서. 한숨 짧게 쉬고는) 그냥.
혜리 (보면)
지운 (차분) 헤어지자.

혜리　('뭐?' 하는 얼굴로 지운을 보면)

지운　(말하다 보니 진심. 어느새 차가워져버린) 헤어지자고. 그냥.

혜리　(짜증 나서 소리 꽥) 야, 김지운!

지운　(그 말에 확 폭발) 아, 그렇게 좀 부르지 말라고!

혜리, '별것도 아닌 거에 왜 폭발이야.' 하는 얼굴로
지운을 바라보는데.

여름 O.S　야. 김지운!

S #20　(D - 한낮 / 여름·지운의 대학 운동장 스탠드)
; 1회 S #7 연결
; 과거 * 여름 23세 / 지운 21세

여름　(자기 팔짱 끼고 다다다) 내가 전화기 꺼놓지 말라고 했잖아. 근데 전화기를 또 꺼놔?

지운　(지겨운 말투. 하지만 차분하게) 밧데리가 나가서 꺼진 거라고. 지금 몇 번째 말하는 거냐?

여름　(팔짱 낀 채. 비꼬기 시작) 니 전화기는 차암 신기한 게 밤늦게 술자리만 갔다 하면 밧데리가 나간대. 도대체 그런 전화기는 어디서 사는 거야?

지운　(열 받아서 다다다) 아 그럼 어쩌라고. 밧데리가 나가서 전화를 못 받은 걸 나보고 뭐 어쩌라는 거야. 아니, 왜 별것도 아닌 걸 가지고,

여름　(말 끊으며) 별것도 아니라니. 너 그 술자리에 누가 있었는지 내가 모를 줄 알아?

지운 (순간 뜨끔하지만 기분 나쁜 표정으로 무마하는데)

여름 (소리치는) 오이진지 오민진지 걔도 같이 있었잖아!

지운 (약간 질려서 쳐다보고 있는데)

여름 (비꼬고) 걔가 그렇게 너한테 들이댄대매? 아주 과에 소문이 다 났어. 언제 나도 한번 가서 구경해야겠어. 이 찌질이가 뭔 매력이 있다고, 그렇게 들이대는 건지.

지운 (꾹 참으며) 그만해라. 한여름.

여름 (계속 비꼬는) 너 걔한테 나랑 사귄다고도 말 안 했지? 왜에? 양다리라도 걸치시게?

지운 (참는 곳의 마지노선) 고만하라고.

여름 (사나워지는) 뭘 그만해. 당당하면 니가 대답하면 되잖아. (목소리 점점 커지면서 몰아붙이기 시작) 왜 나랑 사귄다는 얘길 안 한 건데. 도대체 뭐가 걸려서!

지운 (소리 꽥) 소리 좀 지르지 마! 좀!

여름 (더 소리치며) 소리치고 있는 건 너거든! 아, 꺼져!!

지운 (짜증의 집합) 아오 씨! 진짜. (완전 질린 표정으로 쳐다보곤 돌아서 가자)

여름 아. 어디 가는데! (득달같이 달려가 지운을 잡으며) 대답하고 안 가? 했어, 안 했어? 어? 했냐고, 안 했냐고?

지운 (여름한테 질린 눈빛으로 쳐다보며) 안 해. 안 할 거야. 평생 안 할 거야.

여름 (그게 무슨 소리야) 뭐?

지운 평생 안 하고. 그냥 난 너랑 헤어질 거라고. (여기선 차분해지며) 됐냐.

질려서 가버리는 지운의 뒤통수에 대고
포인트 못 찾고 여전히 소리치는 여름이다.

여름 (불러보는) 야! 김지운! (돌아보지도 않고, 대답도 않자. 소리 꽥) 난 아직 안 끝났거든? 야아!!

독기 오른 여름이 뭐라도 던질 게 있나 눈 돌아서 두리번거리다
발치에 있던 빈 캔 주워 지운의 뒤통수 향해 팍 던지는데
가던 지운의 뒤통수에 깡! 맞아 떨어진다.

S #21 (D - 오후 / 지운의 대기업 사옥 옥상)

혜리 (차분) 넌 안 되겠다.
지운 (가만히 쳐다만 보고 있는. '설마 수긍하는 건 아니겠지?')
혜리 (나도 니가 헤어지잔 말이 지겨워. 내가 졌다) 알았어... 헤어져.

탕! 옥상을 내려가버리는 혜리.

지운, 허탈한 듯 혜리가 간 자리 보다가
앞에 있는 빈 캔 땅! 차버리면서.

지운 (단말마, 짜증) 아씨!

속상한 듯한 지운의 표정.

S #22 (N - 밤 / 지상파 라디오국 사무실)
; 1회 S #5 연결

해원 (제훈이 말을 안 하자, 부드럽게) 혹시... 화나셨어요?

제훈 (생각에 빠져 있다 정신 드는, 기분이 나쁘지만 쿨한 척) 아뇨. 일리 있는 말이네요. 브루클린 라디오 정도 생각하고 있었어요.

해원 (좀 더 미소 지으며) 아. 그럼 혁오나 장미여관 정도 알아볼게요.

제훈 좋네요.

해원, 가볍게 목례한 뒤 돌아간다.
그런 해원의 뒷모습 잠시 보는 제훈의 얼굴.
보다가 다시 CD꽂이 쪽으로 시선을 돌리고 CD를 찾는데.

CD들 사이에 빼꼼 나와 있는 봉투 하나. 꺼내보니
[한여름 작가]라 적힌 편지 봉투다.

S #23 (N - 새벽 2시 넘어 / 지상파 라디오국 사무실)

제훈 (봉투 내밀며) 이걸로 점심이나 한 끼 사 먹어요.

라디오국 제훈의 책상 앞.
퇴근하는 여름을 불러 세워 봉투를 준 제훈.
여름, 그 봉투를 빠끔히 바라만 보고 있자

제훈 ('왜 안 받아.' 하듯 봉투 한 번 더 흔들며) 내일부터 휴가잖아.

여름 (잠시 생각하다. 애써 딱딱하게) ... 오제훈 PD님.

제훈 ('응?' 하는 얼굴로 보자)

여름 이건 아니죠.

제훈 (봉투 책상 위에 올려놓으며. 여전히 '뭐가 아닌데?' 하는 얼굴이자)

여름 사귀는 사이다. 친구 사이다. 일하는 사이다.

제훈 ('그게 왜?' 하는 얼굴이면)

여름 그중에 하나 고르셨잖아요, 오제훈 씨가. 일만 하자고.

제훈 (내가 그랬긴 했어. 근데 그게 이제 와서 왜?)

여름 그럼 작가가 여행을 가건 말건 휴가를 내건 말건. PD로서 할 일만 생각하시면 되는 거예요. 제 생각엔, 그중 하나가... 작가의 점심 값을 챙기는 일이라고 생각하지 않습니다.

제훈 지금껏 일한 작가들한테도 다 챙겼던 거예요.

여름 지금껏 일한 작가들과도 다 키스를 하셨나요?

제훈 (멍- 해지는 얼굴이면)

여름 (한숨 고르고 말하기 시작) 제가요. 주제넘게 그쪽한테 충고 하나만 하자면요. 오제훈 씨 인생이 어떻게 굴러가는지 저는 도통 모르겠지만, 전요. (힘들게 얘기 꺼내듯이, 하지만 담담) ...... 외로워요. 외로워서, 누가 내 이름 한 번만 불러줘도 울컥하고. 밥 먹었냐는 흔한 안부 인사에도 따뜻해져요. 스치기만 해도 움찔하고, 마주 보기만 해도 뜨끔하고, 그러다 떠나버리면 말도 못하게 시려요. 그런 저한테, 그리고 당신이 연락을 주고받는 수많은 여자들한테. 이런 몹쓸 짓 하지 말아주세요. 당신이 한 번 실패한 뒤 그 무엇도 가지려 들지 않는다는 건, 저도 알고 있어요. 하지만 왜... 실패를 나아가는 성장판으론 삼지 않는 거죠? 전요. 어릴 때 잠깐 만났던 선배를 통해선 마음을 감추고 내숭만 떨면 누구도 내 진심을 몰라준다는 걸 배웠구요. 스무살 즈음 지겹게 싸워댔던 남자친구한테선 헤어지자는 말을 함부로 해선 안 된다는 걸 배웠어요. 그리고 가장 오래 만났던 남자한테선...... 내 욕심 때문에 상대의 진심을 짓밟으면, 벌을 받는다는 사실도 깨달았어요. 그 외에도. 비 오는 날 어떤 음악을 들으면 좋은지. 와인은 어떤 게 비싸고 좋은 건지. 맥주를 맛있게 마시는 방법은 뭐고. 티셔츠의 핏은 어떤 게 예쁜 건지조차... 다. 모두 다. 내 지난 연애에서 배워왔어요. 그리고 그쪽을 포함한, 수많은, 날 간만 보고 도망쳤던 남자들한테선요. 내가 상처받지 않기 위해 치는 울타리가, 그 사람한텐 다른 상처가 될 수 있음을 깨달았어요. 그런데 왜. 나보다 나이도 많고. 결혼도 해본 오제훈 씨는. 조금도 나아지지 않는 거죠?

제훈, 뜨끔한 얼굴로 여름을 쳐다보면.

여름 그리고 지금 (제훈의 손에 들린 봉투를 보며) 그 봉투로 깨달은 건. 나 진짜... (허무한, 혼잣말하듯 빠르게) 그쪽한테 아무것도 아니었구나.

휙 돌아서 가버리는 여름.
그걸 가만히 보고 있는 제훈의 얼굴은
꼭 누군가한테 맞은 얼굴 같다.

S #24 (N - 밤 / 지상파 라디오국 사무실)

봉투를 다시 CD꽂이에 퍽퍽 꽂아 넣는 제훈.
푸우욱 한숨을 쉬고
머릿속에 들어오지도 않는 업무를 보는데.

저는요. 외로워요.
외로워서 누가 내 이름 한 번만 불러줘도 울컥하고
밥 먹었냐는 그 흔한 안부 인사에도 따뜻해져요.
스치기만 해도 움찔하고,
마주 보기만 해도 뜨끔하고,
그러다가 떠나버리면, 말도 못하게 시려요.

S #25 (D - 오후 / 미국의 스튜디오형 아파트 거실)

쏴아- 비 오는 소리.

비 오는 창문에 얼굴을 찰싹 붙인 여름이
창밖의 비를 바라보고 있다.

그러다 곧 털털 걸어
거실 구석에 있는 오디오 쪽으로 가
오디오 위에 있는 미카의 CD를 꺼내
(The Boy Who Knew Too Much)
오디오에 얹고 플레이 하는.

버튼 쭉쭉 눌러 9번 트랙에서 멈추자
MIKA의 By The Time이 흐른다.

스피커 볼륨을 21까지 키우고
무심히 CD 케이스 재킷을 꺼내보는데
툭 떨어지는 앨범의 속지.

주워 드니 음반의 칼럼이 적혀 있는 종이다.
눈으로 칼럼을 빠르게 읽는데
마지막에 [팝 칼럼니스트 박해준]이라 적혀 있다.
덤덤하게 CD 케이스를 오디오 위에 올려놓고
화장실 쪽으로 걸어가는 여름.

화장실에 뭔가 부스럭거리고 있는데

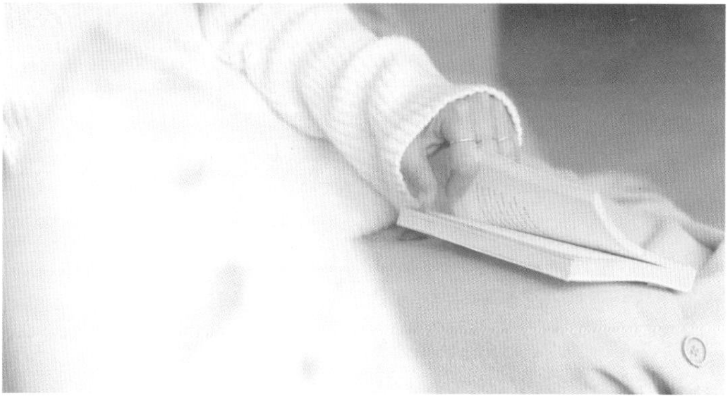

가스레인지 위 포트에서 부- 물 끓는 소리가 들려
카메라 비추고 있는 오디오 앞을 훅 지나쳐
부엌 쪽으로 뛰어가 가스레인지를 끄고
달그락 찻잔을 꺼내는 여름.

조르륵 뜨거운 물 따르는 소리가 들린다.
카메라는 오디오 앞에 머물러 있는데
마침 차임벨이 울리고
여름, '누구지? 언니가 벌써 왔나?' 하는 얼굴로
오디오 쪽 앞 지나 현관 쪽으로 걸어가
삐걱 문 여는 소리 들리자마자

탕.
탕.

총소리와 함께 털썩 쓰러지는 소리.

카메라는 여전히 MIKA의 By The Time이 흐르는
오디오 앞에 머물러 있다.
노래는 아직 끝나지도 않았다.

빗소리가 왠지 더 커진 기분.

S #26 (D - 하교 시간 / 고등학교 앞 버스 정류장)
; 1회 S #10 연결
; 과거 * 여름 18세 / 현진 19세

비 오는 오후.
버스 정류장에 서 있는 여름,
우산을 들고 어딘가를 흘끔흘끔 훔쳐보고 있다.
보면 고등학생 현진.
현진이 지용의 우산을 함께 쓴 채
학교 쪽에서 나오고 있다.

현진을 훔쳐보다
주머니의 손거울 꺼내 재빠르게 머리카락 매만지는 여름.
그리고 다시 훔쳐보려는데
'어라? 어디로 갔지?' 현진이 없다.
여름, 주변을 휘휘 보는데
여름의 우산 속으로 현진이 쏙 들어와

현진 **나도 같이 좀 쓰자.**
여름 **('네?' 하는 얼굴로 현진을 돌아보는데)**

현진, 활짝 웃는.
발그레해지는 여름의 얼굴.

S #27 (D - 시간 경과 / 미국의 스튜디오형 아파트 거실)

힘겹게 숨 쉬고 있는 여름과
계속 돌아가고 있는 MIKA의 2집 앨범.

옆으로 쓰러져 있는 여름은
타들어가는 고통에 죽을 것 같은데
아프다고 몸을 움직일 힘조차 없다.

숨만 쉬고 있다.

S #28 (D - 하교 시간 / 고등학교 앞 버스 정류장)
; 과거 * 여름 18세 / 현진 19세

현진 근데 넌 집이 어디야?
여름 (수줍어하는) 아...

S #29 (D - 시간 경과 / 미국의 스튜디오형 아파트 거실)

힘겹게 눈을 떠
살짝 열린 아파트 문 사이로 보이는
계단을 바라보고 있는 여름.
자꾸 눈이 감기는데.

S #30 (D / 여름·지운의 대학 캠퍼스 : 강의실 복도)
; 과거 * 여름 23세 / 지운 21세

수업이 끝나자
여름에게 쫄쫄쫄 다가오는 지운.

지운 (먼저 잘못한 게 있으니 강아지처럼) ... 한여름.

여름은 지운이 오건 말건, 책 챙겨서 나가려는데.

지운 (여름이 반응 없자 팔 툭툭 치면서) 여름아아. 응? 한여르음. (좀 더 애교) 아, 누나아.

여름 (누나라는 소리에 지운 차갑게 보면서) 나는 몰랐다. 나는 니가 나를 사귀길래 나같이 나이 먹은 여자를 좋아하는 줄 알았지. (다다다 따지기 시작) 그렇게 어린 애들이랑 신나게 노는 애라는 걸 상상도 못했어. 어린 애들이 그렇게 좋니? 아니. 생각해보니깐, 니가 어려. 니가 어리니깐. 넌 그냥 동갑내기들이랑 노는 거야. 걔들이 더 편한 거고. 그래서 걔들이랑 있을 땐 내 전화도 안 받는 거고. 꺼놓는 거고. 지나다 마주치면 모른 척하는 거고. 안 그래?

지운 (안 한 걸 가지고 했다고 하니 열 받는다) 모른 척한 적 없거든?

여름 말이 되는 걸 내뻬. 너 그냥 지나쳤잖아. 바로 여기 들어오기 전에.

지운 (약간의 짜증) 그건 내가 못 본 거라고 말했잖아.

여름 고작 200미터 떨어져 있었어. 어떻게 그 거리에서 나를 못 알아봐. 그래. 못 알아본 거라고 치자. 근데, 여기에 오민지를 데리고 와? 보란 듯이 나랑 같이 듣는 수업 강의실 바로 앞까지. 걜 달고 와? 내가 걔 싫댔지. 내가 진짜. 진지하게 묻는데. 너 진짜 양다리냐? 내가 지금 버러지라서 너 양다리 걸치는 것도 모르고 있는 거야?

지운 (확 빡치는) 아, 걔가 쫓아온 걸 나보고 어쩌라는 거야!

여름 니가 제대로 선을 그었으면 걔가 왜 널 쫓아와. 니가 여지를 주니깐 졸졸 쫓아오기도 하고. 치근덕거리기도 하는 거야. 아예 희망이 없는데 왜 들이대니?

지운　(정말 아니라서 화가 너무 난다) 아니라고!! 걔한테 관심 없다고!! 아, 왜 자꾸 걔랑 나를 엮어. 아씨 짜증 나게!

여름　짜증 나게 한 건 내가 아니라 너거든? 왜 매번 잘못은 니가 해놓고 화는 나한테 내? 넌 일말의 양심이라는 것도 없니?

지운　아오!! 씨! 진짜! (앞에 있는 의자 쾅! 치면서 지 분에 못 이겨 강의실을 나가버리는데)

여름, 나간 지운 쪽 째려보다가
아니. 이대로 헤어지면 정말 헤어질 것 같다.
더 싸우더라도 다 풀고 가야 한다.
쫓아 나가서 지운을 부르는데.

여름　야! 김지운! 얘기는 다 하고 가!

지운　(그냥 가는데)

여름　(쫓아가서 잡는) 야!! 나한테 더 할 말 없어? 풀고 가라니깐? 혹시 내가 오해한 게 있다면.

지운　(질려버렸다. 차갑게) 없어.

여름　(이미 상황은 뒤바뀐) 뭐?

지운　니 멋대로 생각하라고. (툭 치고 나가는데)

여름, 아무리 그래도 풀어야 한다.
자존심이 상하지만 꾹 참고
다시 쫓아가 지운의 팔을 잡고 매달려보는.

여름　(자존심 꾹 참고. 매달려보는) 지운아. (차분하게) 김지운.

지운　(매섭도록 차갑게 돌아보곤) 그거 알아, 한여름?

여름 (쳐다보면)

지운 넌 진짜... 사람 질리게 해. (팍! 매몰차게 팔을 뿌리치고 가버리는데)

지운의 폭언에
황망해진 여름의 표정.

S #31 (D - 시간 경과 / 미국의 스튜디오형 아파트 거실)

다시 눈 뜨는 여름,
힘겹게 숨을 쉬며 저 앞의 계단을 바라보는데
더 희미해졌을 뿐
역시 아무도 없다.

S #32 (N - 저녁 무렵 / 지상파 방송국 앞 현관)
; 1회 S #53 연결

천둥이 치고
비가 쏟아지기 시작하는 저녁 무렵.
사람들 모두 우산을 쓰고 가는데
우산 없는 여름은 난감한 듯
현관에 서서 비를 바라만 보고 있는.

'어떡하지?' 잠시 망설이던 여름.
'한번 해볼까?' 싶은 마음으로 휴대폰을 조심스레 꺼내

[제훈 PD]를 검색한다.
[통화] 버튼을 누르기 전에도 잠시 망설이긴 하지만
약간의 설레는 감정을 안고 꾹.
버튼을 누르려는 찰나
여름의 바로 앞으로
보란 듯이 제훈의 차가 물보라를 튀기며 지나간다.

옆에 여자가 앉아 있는.
오제훈도 웃고, 여자도 웃고 있다. [여자는 지영]
제훈의 얼굴이 편안해 보인다.

그걸 본 여름, 휴대폰을 들었던 손을 툭. 내려놓으며
예전처럼 무표정한 얼굴이 돼버리는데.
쏟아지는 비를 맞으며 택시를 잡으려는 여름.

S #33 (D - 시간 경과 / 미국의 스튜디오형 아파트 거실)

앞을 바라보고 있는 여름.
울 것 같은 얼굴인데.

여름 E / 언니.

S #34 (D - 오후 / 방송국 앞 아이스크림 집 야외)
; 2회 S #12 연결

여름 　난 지금의 내가 너무 거지 같아서. 누군가에게 사랑받았던 그 언젠가의 일들이 전부,

안타까운 해원의 얼굴.

S #35 　(D - 시간 경과 / 미국의 스튜디오형 아파트 거실)

여름, '누군가. 제발 와서 나를 도와줘.'
하는 느낌으로 계단을 바라보고 있다.

그때 저 계단 너머에서
누군가 터벅 걸어 올라온다.
점점 뚜렷해지는 얼굴은
해준.

해준이 웃으며 계단을 올라오고 있다.

여름 E / 　**...... 꿈같아.**

해준의 환영에 눈물이 나는 여름.

[잠시라도 너에게]

더 보고 싶은데
너무너무 보고 싶은데
눈꺼풀이 무거워져 결국 눈을 감는 여름.

지금의 내가 너무 거지 같아서
누군가한테 사랑받았던 일들이
전부... 꿈같아.

잠시라도 너에게
떠오르는 사람이고 싶었는데.

눈을 감은 여름.
다신 뜨지 못한다.

[떠오르는 사람이고 싶었는데]

MIKA의 2집 앨범 소리도 점점 옅어지고.

여름 주위에 물드는
새빨간 피.

S #36 (D - 오후 / 여름의 방)
; 1회 S #1 연결

한낮의 햇살이 비쳐 들어오는 여름의 방, 창가.

분주하게 출근 준비하는 여름이
하늘거리는 원피스를 입다 말고 뚝 멈춰서
자신의 얼굴을 바라보고 있다.
초라한 나체를 들킨 듯한 표정으로.

곧 원피스에 몸을 쑤셔 넣고
핸드백과 노트북 케이스를 집어 들고
빠르게 방을 빠져나가는 여름.

쿵. 문이 닫힌다.

S #37 (D - 낮 / 여름의 집 앞 좁은 골목길)
; 1회 S #19 연결

출근을 하고 있던 여름,
전화가 와서 휴대폰을 귀에 대는데
받자마자 뭔가 폭탄처럼 우르르 쏟아지는 잔소리.
여름, 가다가 뚝 멈추는.

여름 엄마. (처음엔 차분하지만, 점점 흥분하는) 내가 뭘 해. 나 아무것도 안 했어. 그냥 그 사람이 말하는 거 다 듣고. 알겠다고 하고만 나온 거야. (뭘 듣고) 내가 그 사람한테 욕을 했니. 물을 뿌렸니. 뺨을 쳤니. 나 정말 아무것도 안 했다니깐? (뭔가 듣고, 완전 폭발) 아, 그럼 무슨 말을 해! 어린 여자가 더 좋다는데! 그러면서 뭐래는 줄 알아? 속궁합은 늙은 여자가 더 좋댄다. 내가 그런 개새끼한테 아이고, 그래요. 저는 늙어서 너랑 속궁합이 되지게 좋겠네요, 이 새끼야. 이래? 아니잖아! 엄마. 그냥 아무 말도 안 하고 나오는 게, 내가 할 수 있는 최대한의 예의였어. 나이 먹은 게 무슨 죄야? 지는 안 먹었어? 그 새낀 사십이었어! 액면가는 오십이었고!! (너무 짜증 나서 전화 콱 끊어버리는)

전화를 끊고도
씩씩 화가 가라앉지 않는다.

골목 한가운데를 울 것처럼 서성이는데.
담벼락에 기대서서 고개를 푹 떨군 채

우는 건지. 생각하는 건지.
서 있는 여름.

점점 멀어지는데.

S #38 (D - 오후 / 라디오 방송국 로비 엘리베이터 앞)

엘리베이터가 도착하자
엘리베이터에 타는 여름.
문이 닫힌다.

엘리베이터가 올라가는 동안
옆에 있는 거울에 문득 자신을 비춰보는데.
초라하고 푸석한 느낌에
절로 휙 고개를 돌려버린다. 보기 싫다.
괜히 큼. 헛기침하는데.

엘리베이터는 도착해서 문이 열리고
또각또각 내리는 여름.
여름이 멀어지는 소리 들리며
엘리베이터 문이 서서히 닫힌다.

S #39 (D - 오후 / 해준의 오피스텔)

덜컥 문을 열고 침실로 들어온 해준.

침대에 풀썩 걸터앉는다.
걸터앉아 앞을 가만 보는데.

〈플래시 컷〉 - 2회 S #14

여름　*난 편하게 살고 싶어.*
해준　*내가 널 불편하게 만들 것 같아?*
여름　*난 욕심이 많잖아. 그래서 아마.*
해준　*(눈길 거두지 않고 보고 있으면)*
여름　*니 옆에서 평생 불행할 거야. 그래도... 괜찮아?*

〈플래시 컷〉 - 2회 S #6

해원　*여름이가 6년 내내. 그쪽한테 하고 싶어 했던 말이 있어서요... 언니. 난, 그 사람한테 항상*

S #40　(D - 오후 / 해준의 오피스텔)

앞을 보고 있는 해준,
화가 난 것 같은 얼굴이다.

해원 E /　미안해.

거기까지 떠오르자
툭. 툭.
생각지도 못한 눈물이 흐르는 해준.

흐르는 눈물이 저도 당황스러워

해준아. 벌렁 해봐. 벌렁.

'뭐지?' 하는 느낌으로 눈물을 재빨리 닦아내버리는데
어느새 감정은 파도를 타고
후두둑후두둑 소나기처럼 눈물이 쏟아진다.

S #41 (D / 해준의 오피스텔)
; 과거 * 여름 31세 / 해준 31세

여름 O.S 해준아.

비가 내리는 오후.

소파에 앉아 음악잡지를 보고 있는 해준의 바로 앞에
쭈그리고 앉아 고개를 젖힌 채
해준을 올려다보고 있는 여름.

여름 (해준을 사랑스럽게 올려다보며) 벌렁 해봐. 벌렁. 응?
해준 (음악잡지 보면서 무표정한 얼굴로 콧구멍을 벌렁- 한다)
여름 (혼자 크크크 좋아하며) 아. 좋아. 또 해봐. 또. 응?
해준 (잡지 보면서 아무렇지도 않게 또 벌렁)
여름 아. 좋아. (발 동동거리며) 나 이거 어떻게 하면 가질 수 있어?
해준 (픽 웃으며, 또 한 번 벌렁 하는데)

여름, 뭐가 좋은지 넘어갈 듯 환하게 웃는.

S #42 (D - 오후 / 해준의 오피스텔)

난 항상...
그 사람에게
미안해.

미안해.

고개를 숙인 채 어깨까지 들썩거리며
영엉 울고 있는 해준.

S #43 (N - 저녁 / 현진의 은행)

모두 퇴근한 은행 안에서
혼자 묵묵히 서류를 정리하는 현진.
팔락팔락 서류를 넘기다
[한여름]이란 자서 앞에서 멈추는데.

S #44 (D - 낮 / 고등학교 운동장 스탠드)
; 1회 S #36 연결
; 과거 * 여름 18세 / 현진 19세

참고서 겉면에 꾹꾹 힘주어 [한여름]이라
제 이름을 쓰고 있는 여름.
다 쓰곤 그 옆에 있는 고3용 참고서에는 [최현진]이라 써준다.
옆에 앉은 현진이 그 모습을 물끄러미 보다

현진 내일은 뭐 해?
여름 (쓰는데 집중하면서 말하려는) 어...
현진 햄버거 먹으러 갈래?
여름 (햄버거 얘기에 단박 거짓말) 아니요. (일단 거짓말을 한 뒤 변명 생각하는, 동글동글한 얼굴로 현진을 쳐다보며) 저 독서실

가야 돼요. (거짓말 들킬까 봐 얼른 참고서에 다시 글씨 쓰는데)

현진 (순순히 믿어주며) 그래? (하다가 여름의 운동화를 보고) 어? 너 끈 풀렸다.

여름 ('어?' 하는 얼굴로 자기 운동화 보자)

현진이 털썩 쭈그려 앉아
여름의 운동화 끈을 정성스레 묶어준다.
설레는 얼굴의 여름.

S #45 (N - 저녁 / 현진의 은행)

자서에 뭔가 체크하고 넘기는 무표정한 얼굴의 현진.

S #46 (D - 오후 / 지운의 대기업 사옥 : 혜리네 연구 2팀 회의실)

지운, 복도를 걸어가다 회의실을 흘끔 보는데
그 안에서 혜리가 서류 보고 있다.

지운 O.S 야. 아직도 화났냐?

S #47 (D - 대낮 / 여름·지운의 대학 벤치)
; 과거 * 여름 23세 / 지운 21세

대학 벤치에 앉아

전공서적 펼쳐놓고 리포트를 쓰고 있는 여름.

지운, 지나가다 보고 옆에 쪼르르 앉아

지운 (약간의 애교) 야. 한여름. 아직도 화났냐구.

여름 (쓰면서, 낮고 차분) 헤어지자는 소리 함부로 하지 마. 김지운.

지운 (차분하게 말하니 쫄아서 보는)

여름 (이 기회에 버릇을 고쳐주마) 너 그게 무슨 소린지는 알아?

지운 (여름이 무서워 우물우물) 헤어지자는 게 헤어지자는 소리지, 뭐.

여름 (정색) 그건 죽을 때까지 다신 보지 말자는 뜻이야.

지운 (정색하니 무서워 가만 보자)

여름 그러니까 니가 헤어져. 하는 그 순간, 나는 너한테 죽은 사람 되는 거라고. 너도 나한테 그런 사람이 되는 거구. 사람이 사람을 죽이는 일을, 그렇게 쉽게 해서 쓰겠니?

지운 (얌전한 강아지 표정으로 여름을 바라보자)

여름 이젠 장난으로라도 그런 말 하면 진짜 끝이야. 알았지?

지운 (강아지처럼 고개를 끄덕이자)

여름 대신, 나도. (어느새 부드러워진 표정으로 지운을 쳐다보는데)

여름을 진지하게, 그리고 뚫어져라 바라보는
지운의 표정.

S #48 (D - 오후 / 지운의 대기업 사옥 : 혜리네 연구 2팀 회의실)

지운이 바라보고 있는 쪽엔

헤어지잔 소리 함부로 하지 마.
그건 죽을 때까지 다신 보지 말자는 소리야.
네가 "헤어져!" 하는 그 순간
난 너한테 죽은 사람이 되는 거라고.

회의실에 혼자 앉아 문서를 보고 있는 혜리가 있다.
지운, 용기를 낸 듯
노크 두어 번 하고 회의실에 들어간다.

S #49 (N - 새벽 2시 5분 정도 / 지상파 라디오국 사무실)

문을 열고
아무도 없는 새벽의 사무실로 들어오는 제훈.
휴대폰의 뭔가를 계속 보면서
걷고 있는 제훈인데
자기 자리에 탈싹 앉아서도 뚫어져라 휴대폰을 바라보고 있다.

보면 [한여름 작가]라 저장된 이름.

S #50 (N - 밤 / 지상파 라디오국 사무실)
; 과거 * 4개월 전

여름 아아. 내 이름을 그렇게 저장해놨구나?

여름, 앉아 있는 제훈의 자리 옆에 서
제훈의 휴대폰에 저장된 [한여름 작가]라는 화면을 보곤

제훈 그럼 뭐라고 저장해?
여름 (약간 입 비죽이며) 그러게요.
제훈 뭐야. 삐졌어? 바꿀까? (장난기 발동) 뭘로 바꿀까. (완전 비꼬

는. 일부러 귀여운 척하면서) 우리애기? 우리귀염둥이?

여름　(정색) 하지 마.

제훈　왜. 아직 더 남았어. (일부러 비꼬며 귀척) 내사랑둥둥. 귀요미 아꾸.

여름　(약간 욱) 하지 말라고.

제훈　야. 너 그러다 나 치겠다?

여름, 밉지 않게 흘겨보는데.

S #51　(N - 새벽 2시 5분 정도 / 지상파 라디오국 사무실)

그 이름, 가만히 한번 만져보곤
[삭제] 버튼을 누른다.

'잘 가.'라고 말하듯
화면을 한참 바라보는 제훈.

S #52　(N - 저녁 / 지상파 방송국 지하 출입구)

지영 O.S　오제훈 씨.

방송국 입구, 출입통제시스템에 ID 카드를 딱 대려는 순간
지영의 목소리에 획 돌아본 오제훈.
적잖이 당황한 얼굴이 된다.
제훈, 자신에게 뚜벅뚜벅 걸어오는 지영을

바라만 보고 있는데.

지영 (뚜벅뚜벅 제훈에게 다가가. 당당하게) 나 이제 그쪽한테 아웃인가요?

제훈 (약간 당황) 그게 무슨.

지영 (당당) 어제부터 내 카톡 씹기 시작했잖아. 그쪽이.

제훈 그건, (말할까 말까 하다가 하는) ... 김지영 씨가 나한테 질문했기 때문이에요.

지영 무슨 질문이요?

제훈 우리가 무슨 사이냐는 질문.

지영 (따지는 투는 아니지만 당당한) 그걸 물어보면 왜 안 되는 건데요?

제훈, 그 긴 이야기를 어떻게 해야 할지 몰라
지영을 바라만 보고 있는데.

지영 난, (당당한 게 참 예쁜 여자) 오제훈 씨 좋아요. 좋아서 여기까지 찾아온 거예요. 연락이 안 되니깐 알겠더라고. 그쪽이, 나한테 어떤 사람인지.

제훈 (갑작스런 고백에 약간 띵하게 쳐다보자)

지영 제훈 씨한텐 내가 어떤 사람인데요?

제훈 (특유의 애매하게) 글쎄요.

지영 (예쁘게 웃으며) 단 한 명까진 바라지도 않아. (니가 연락하고 있는 애들 중에) 그냥 난 내가 1등이었으면 좋겠는데.

제훈 (어이없다는 듯 웃는데)

지영 (초당당) 제훈 씬 내 썸남들 중에서 1등이거든요. (웃는데)

제훈 (그런 것까지 당당하니 어이가 없어서. 하지만 귀여운 듯 웃으며) 진짜 솔직하시네.

지영 그래서 좋다고 한 건, 기억이나 하세요?
제훈 (이미 웃음기가 있는) 내가요?
지영 네. 나 배고픈데 뭐 좀 사줘요.

제훈, 들어가려던 거 방향 틀어서
지영과 방송국 입구 쪽으로 나가면서 "뭐 먹고 싶은데요?" 묻고
지영은 "글쎄요. 음. 파스타? 아닌가?" 음식 고르고.

제훈 NA **솔직한 여자가**

두 사람 서로 웃으며 같이 어딘가 가는데.

S #53 (D - 오후 / 지운의 대기업 사옥 : 혜리네 연구 2팀 회의실)

지운 (혜리에게 애교 있게 다가가, 볼 옆 쿡 찌르며) 자기야. 아직도 화났어?
혜리 (서류 보면서. 낮고 무서운) 꺼져라.
지운 미안. 다신 안 그럴게. 응?
혜리 (서류만 보면서 중얼) 닥치고 꺼지라구.
지운 진짜야. (말하고 주변 휘휘 본 뒤 사람들 안 본 틈에 혜리 볼에 쪽)
혜리 (볼 만지면서 어이없이 돌아보며) 돌았니?
지운 (남자다) 또 한다.
혜리 (겁난다는 듯 주변 휘휘 보는데)
지운 (애교 모드) 다시는 헤어지자는 얘기 안 할게. 약속. 진짜로.
혜리 (어느새 풀어져 살짝 째려보며) 할 거잖아. 내가 다 알아.
지운 (완전 혀 반 접혀서) 아니야. (열사처럼) 야. 헤어지자는 말이 무

는 뜻이겠어? 이제 우리 서로 영영 보지 맙시다!! 그런 뜻이잖아. 정말 무서운 말이야. 내가 그걸 매번 간과해. 멍청해서. 내가, 다신. 죽었다 깨나도 그런 말 안 해. 진짜야.

혜리　(서류 보면서) 언젠 나 성질 드러워서 못 사귀겠다며.

지운　넌 그 드러운 성격이 매력인데?

혜리　(윽) 뭐? 너 뭐라고 했냐?

지운 NA　**불같은 여자가**

지운　대신 너도 약속 하나만 해.

혜리　(째려보면)

지운　나도 장난으로라도 그런 말 안 할 테니깐, 대신 너도... 나 두고 먼저 어디 가버리지 마. (진지한) ... 알았지?

혜리　(좀 삐친 듯 있다가) 치. (생각해보니 좋아서) ... 알았어. (못 이기는 척 웃는데)

혜리가 웃자 그제야 환하게 웃는 지운이다.

S #54　(N - 저녁 / 고급 레스토랑)
; 1회 S #11 연결

현진　(더 이상 참지 못하고) 근데 그거 내숭이죠.

다시 한 번 파스타를 먹고 냅킨으로 입가를 톡톡 닦은 소개팅녀에게 참다못한 현진이 한마디 던진.

소개팅녀, 약간 날벼락 맞은 듯
'에?' 하는 얼굴로 현진을 보자

현진 제가요. (이제 나도 한 번 말해보자, 하는 느낌으로 포크 내려놓고, 다리 꼬면서) 소개팅을 지금까지 한 50번 해봤거든요? 근데 하나같이 다 똑같아. 여자들이 제 앞에 앉아서 모두 다 작은 목소리로 스테이크나 파스타를 시켜요. 그리곤 (눈짓으로 소개팅녀의 포크를 가리키며) 그렇게 새알처럼 조금 떠서 한 입 먹고, 냅킨으로 입 닦고. 다시 한 입 먹고, 입 닦고. 와인 마시고, 입 닦고.

소개팅녀, 단박에 표정이 바뀌었다.
'뭐야.' 하는 얼굴로 현진을 보고 있는데.

현진 난 사실 그런 내숭이 너무 싫거든요.
소개팅녀 (포크 톡 놓으며. 여태까지와 목소리 살짝 달라지는. 실체를 들키니 에라 모르겠다, 하고 약간 따지는 느낌) 여자들이 왜, 그쪽을 앞에 두고 내숭을 떤다고 생각하시는데요?
현진 (약간 거만한 듯) 글쎄요. 그게 여우들의 본성 아닌가?
소개팅녀 (너 바보구나) 아니요. 여우들이라서 그러는 게 아니고요, 최현진 씨. 그쪽한테 잘 보이고 싶어서 그러는 건데요.

의외의 대답이다.
현진, '그게 무슨 소리야.' 소개팅녀를 보는데.

현진 O.S 왜

S #55 (N – 저녁 / 고등학교 일각 벤치)
; 과거 * 여름 18세 / 현진 19세

학교 한쪽 벤치 앞에 마주 서 있는 여름과 현진.

현진 (화난 거 꾹꾹 눌러 담으며) 거짓말을 한 거야?

여름 (얘기하기 힘든 걸 꺼내듯. 잠시 망설이다 고개 푹 숙이고 우물) ... 잘 보이고 싶어서.

현진 ('뭐?' 하듯 보자)

여름 (우물우물 진심을 말하는) 그냥... 오빠한테 잘 보이고 싶어서.

S #56 (N – 저녁 / 고급 레스토랑)

떠오르지 않았던 게 떠오른 현진.
'아차!' 하는 얼굴인데.

소개팅녀 여자도 남자랑 똑같아요. 단순해요. 좋아하는 사람 앞에선 내숭 떨게 돼 있어요. 왜? 잘 보이고 싶으니깐. 예뻐 보이고 싶으니깐. 여우들의 본성이라니. 그건, 내숭이 역겹다고 생각하는 최현진 씨의 오해 같은데요?

현진, 소개팅녀를 의미 있게 바라본다.

현진 NA **첫사랑을**

여자는 다 포기한 듯
앞에 있는 와인을 벌컥벌컥 마시는데.

S #57 (D - 아침 / 해준의 오피스텔)
; 2회 S #13 다음 날

미팅 준비하고 나서는 해준.
달칵 현관문을 열고 나와 가려는데.
현관문 옆쪽에
어제 모습 그대로 쭈그리고 앉아 있는 소이가 있다.

해준 너... ('안 가고 여기서 밤샌 거야?' 하는 얼굴)
소이 (무릎 모으고 쭈그리고 앉은 채 해준을 올려다보며) ... 미안해요.
해준 (약간 화난) ... 니가 뭐가 미안한데.
소이 내가... 결혼이 싫단 오빨... 어떻게든 설득해보고 싶어서... 우리 부모님을 내세웠어. 그럼 오빠가 흔들릴까 봐. 흔들릴 것 같아서...... 내가 잘못했어요.
해준 (점점 더 화가 나는. 잠시 보다가) 어떻게 넌.
소이 (울먹한 느낌으로 해준을 쳐다보면)
해준 ...... 지금 이 상황에서도 미안하단 말을 해.
소이 (뭉클 쳐다보면)
해준 (힘없이, 중얼거리듯) ...... 그건 내가 해야 되는 말이잖아.
소이 오빨 놓치고 싶지 않아요. (말하는데 저도 모르게 눈물 뚝)

해준 NA **사랑을**

해준 (우는 소이를 가만히 보기만 하는데)

소이 미안해요. (눈물이 주룩주룩 흐르기 시작한다) 미안… (감정이 점점 격해져 쭈그린 무릎에 얼굴을 묻는데)

S #58 (N - 새벽 / 해준의 오피스텔 : 해준의 침실)
; 2회 S #14 같은 날
; 과거 * 여름 31세 / 해준 31세

자고 있는 해준을 두고
집으로 가려고 채비한 여름, 방을 나서려는데.

해준 (자다가 여름의 인기척에. 눈 감은 채) 가려고?

여름 (대답 없이 '응.' 하는 얼굴로 해준을 보고만 있는데)

해준 (눈 감은 채) 가지 말지.

여름, 그 말에 문득 망설인다.

해준 (눈 뜨고서) 가지 마라. 응?

여름, 해준을 바라보는데
그 말이 너무 간절하게 들려서 멈칫한다.
왠지 오늘이 꼭 마지막 같다.
하지만 이제 가야만 한다.

S #59 (D - 아침 / 해준의 오피스텔)

소이 (주룩주룩 눈물 흘리며. 해준의 옷자락 잡고) 미안해. 가지 마요. 오빠.

해준 울지 마. (옷자락 잡은 소이의 손을 잡아 일으키는)

울먹거리며 해준에게 끌려 일어나는 소이를

해준 NA **사랑을**

한결 따뜻하게 바라보는 해준이다.

S #60 (D - 한낮 / 여름의 집 앞 좁은 골목길)

녹음이 우거진 골목을 산뜻하게 걷고 있는 여자의 뒷모습.
걷다가 천천히 뒤돌아보는데.

여름이다.
싱그러운 여름.

여름이 멈춰 서서
손을 번쩍 들고
팔랑팔랑 흔들기 시작한다.
만면에 미소를 가득 머금고.

그리고 뒤돌아
씩씩하게 걸어가는 여름.

뜨거운 햇살이
여름의 뒷모습을
조금씩 조금씩
덮는다.

- 2 ; 끝 -

outro

나는
잘 지내고 있습니다.

당신이 구겨서 버린 편지 속에
두 갈래로 찢긴 사진 속에
평생 열지 않을 상자 속에
서랍의 끝머리와 삭제된 메일함 속에
고함 한 번 지르고 온 바다 속에
그리고 언젠가 당신과 함께했던 시간 속에.

그러니

그곳에서 내가 가끔 울고 있더라도
나를 불쌍하다 생각하진 말아요.

난,

빛나고 아팠어.
모두 네 덕분이야.

원작 대본(4부작)

한여름의 추억

1 ; 여름의 끝

빛나고 아팠어.
모두 네 덕분이야.

S #1 (D - 오후 / 여름의 방)

분주하게 출근 준비를 하던 여름이
방에 있는 큰 전신 거울 앞에
하늘거리는 원피스를 입다 만 채 뚝 서 있다.

속옷 차림에 원피스를 입다 만 자신의 모습을 마주한 여름.

초라한 자신의 나체를
스스로에게 들킨 듯
거울을 바라보고 있다.

S #2 (D - 오후 / 여름의 집 앞 좁은 골목길)

골목을 걷다가
손으로 이마를 가린 채
여름 햇살을 바라보고 있는 여름.

잠시 바라보다
터덕터덕 골목을 다시 걷는다.
쓱 이마의 땀을 닦는데 '아. 덥다.'

매미 소리 들리는 녹음 풍성한 골목을
힘없이 걷고 있는 여름의 뒷모습.

S #3　(N - 밤 / 지상파 라디오국 사무실)

제훈　(책상에 앉아 앞에 있는 스케줄표 보면서) 다음 주 금요일 초대석 누구로 할지 생각해봤어요?

지적이고 차분해 보이는 얼굴의 해원,
제훈의 옆에 서서 바로 대답하는.

해원　데이앤데이가 새 앨범 냈던데요.
제훈　(마음에 안 들어. 이번엔 책장에 꽂힌 CD 훑으며 혼잣말하듯) 너무 인디 아닌가.
해원　그럼 아이돌로 가볼까요?
제훈　(또 다른 누구 없나. 꽂혀 있는 CD 훑으며) 그렇다고 아이돌로 가버리기엔.
해원　(전혀 저돌적이지 않고, 부드럽게) PD님.
제훈　(CD 훑다가 부르자 쳐다보는. '응?' 하는 얼굴)
해원　(부드럽게, 조곤) 대안 없이 무턱대고 안 된다고만 말씀하지 말아주세요.
제훈　('내가 그랬나?' 하는 얼굴이면)
해원　(부드러운) 원하는 걸 정확히 말씀해주세요. 그럼 찾아볼게요. 제가 여기서 PD님 마음에 들 때까지 의견을 내고 있을 순 없잖아요. (미소 짓는)

제훈, 그런 해원을 가만히 보는데

제훈 NA　**솔직한 여자가**

S #4 (N - 밤 / 지상파 라디오국 사무실)
; 과거 * 10개월 전 (2016년 10월)

해원과 같은 구도로
제훈을 맹랑하게 바라보고 있는 여름의 얼굴.

S #5 (N - 밤 / 지상파 라디오국 사무실)

해원 (제훈이 말을 안 하자, 부드럽게) 혹시... 화나셨어요?
제훈 (생각에 빠져 있다 정신 드는, 기분이 나쁘지만 쿨한 척) 아뇨. 일리 있는 말이네요. 브루클린 라디오 정도 생각하고 있었어요.
해원 (좀 더 미소 지으며) 아. 그럼 혁오나 장미여관 정도 알아볼게요.
제훈 좋네요.

해원, 가볍게 목례한 뒤 돌아간다.
그런 해원의 뒷모습 잠시 보는 제훈의 얼굴.

제훈 NA **싫다.**

보다가 다시 CD꽂이 쪽으로 시선을 돌리고 CD를 찾는데.
좀 짜증스럽다.

S #6 (D - 오후 / 지운의 대기업 사옥 옥상)

혜리　　(완전 폭발) 넌 그딴 식으로밖에 말 못해?

무척 화난 듯한 혜리가 지운을 향해 펄펄 뛰고 있다.
지운은 지겹다는 표정인데.

혜리　　내가 너한테 처음부터 화냈어? 물어본 거잖아! 근데 뭐? 됐어? 야!

지운　　('또 시작이다.' 지겹다는 얼굴로 혜리를 보는데)

혜리　　(펄펄 뛰며) 술 처먹고 전화기 또 꺼놓은 건 너야!

지운　　(이렇게 짜증 내는 혜리가 점점 더 지겨워 죽겠다)

혜리　　(짜증짜증) 너 대답해봐! 잘했어, 잘못했어?

지운, 한숨을 푹 쉬는데.

지운 NA　　**불같은 여자가**

S #7　　(D - 한낮 / 여름·지운의 대학 운동장 스탠드)
; 과거 * 여름 23세 / 지운 21세 (2003년 여름)

지운을 앞에 두고
완전히 뚜껑 열린 여름, 앞에 있는 빈 캔을 뻥! 차버린다.

S #8　　(D - 오후 / 지운의 대기업 사옥 옥상)

혜리　　아, 대답해보라고!

지운　　(한숨 짧게 쉬고는, 귀찮다는 듯) 그냥.
혜리　　(씩씩 쳐다보자)
지운　　헤어지자.
혜리　　(뭐?)
지운　　(어느새 차가워져버린) 헤어지자고. 그냥.

어이없는 얼굴의 혜리와
차분한 얼굴의 지운 모습에서.

지운 NA　　**싫다.**

S #9　　(N - 저녁 / 고급 레스토랑)

소개팅녀　　그런데 왜 여자친구가 없으세요?

레스토랑에 앉아 식사를 하고 있는 현진과 소개팅녀.

식사는 안 하고 의자에 기대어 앉아
질문한 소개팅녀를 약간은 조소 어린 표정으로
물끄러미 바라보고 있는 현진.

소개팅녀　　(예쁘게 웃으며) 이렇게 멋진 사람인데.
현진　　(자세 고쳐 앉으며 음식 들려고, 예의 작업하는 느낌으로) 글쎄요.
소개팅녀　　(앞에 있는 스파게티 조심스레 먹고, 티슈로 입가 톡톡 찍으며) 첫사랑을 못 잊었나.

현진 (먹으려다 말고 그 모습을 지켜보면서, 혼잣말하듯) ... 첫사랑.

소개팅녀 (앞에 있는 와인 예쁘게 한 모금 하며) 왜, 남자들은 첫사랑을 못 잊는다고 하잖아요. 평생 가슴에 담아둔다고.

현진 (다시 원래대로 의자에 기대앉으며, 시니컬) 전 첫사랑 없는데요?

소개팅녀 ('??' 하는 얼굴로 현진을 바라보다 '아...' 싶어) 아. 그럼, 한 번도 사랑해보신 적이 없는 거예요?

현진 (시니컬) 아뇨. 뭐. 사귄 적이야 많죠. 나이가 몇 갠데.

소개팅녀 그럼... 그중에 가장 먼저 만났던.

현진 (말 끊으며) 그게 무슨 사랑이에요.

소개팅녀 (잘 이해가 되지 않는다는 얼굴로 현진을 보는데)

현진 NA **첫사랑을**

S #10 (D - 하교 시간 / 고등학교 앞 버스 정류장)
; 과거 * 여름 18세 / 현진 19세 (1998년 여름)

비 오는 오후.

버스 정류장에 서 있는 고등학생 여름의 우산 속으로 현진이 쏙 들어간다.

현진 나도 같이 좀 쓰자.

여름 ('네?' 하는 얼굴로 현진을 돌아보는데)

현진, 활짝 웃는.

발그레해지는 여름의 얼굴.

S #11 (N - 저녁 / 고급 레스토랑)

현진 (자세 고쳐 앉으며, 덤덤하게) 그냥 찧고 까분 거지.

소개팅녀, 약간 황당한 얼굴로 현진을 보는데
수줍은 소년의 얼굴은 어디로 가고 피식 웃는 현진.

현진 NA **믿지 않는다.**

S #12 (D - 오후 / 해준의 오피스텔)

딩동- 현관문 벨소리가 울리자
자다 일어난 듯 편안한 차림의 해준이 현관문을 여니
예쁘고 단정한 차림의 소이가
화가 났지만 꾹꾹 눌러 참는 얼굴로 그를 바라보며

소이 (보통 사람보다 작은 목소리, 차분) ... 우스워요?
해준 (냉정) 안 나간다고 했잖아.
소이 (차분, 말 빠른) 두 시간 기다렸어요. 오빠는 상관없겠지만.
해준 (같은 얼굴로 보면)
소이 나 혼자 기다린 거면, 괜찮아요. 그럴 수 있어요. 그런데 우리 부모님도 함께 있었잖아.
해준 (냉정) 다시 말해야 돼? 안 나간다고. 분명히 얘기했어.

소이　　오빠.

해준　　(보면)

소이　　나를.

해준, 그런 소이를 가만 보는데.

S #13　(D - 오후 / 해준의 오피스텔)

; 과거 * 여름 31세 / 해준 31세 (2011년 여름)

해준　　넌 날 사랑하긴 해?

그 말에 슬픈 듯 해준을 바라보는 여름.

S #14　(D - 오후 / 해준의 오피스텔)

소이　　(커다란 눈에 어느새 눈물이 가득 담겨) ... 사랑하긴 해요?

그 질문을 하는 소이를 바라보는 해준,
차가운 얼굴이다.

해준 NA　　**사랑을 믿지 않는다. 모두.**

곧 볼 것도 없다는 듯
현관문을 쾅!
닫아버리는데.

S #15 (N - 새벽 2시 넘어 / 홍대에 있을 만한 키치한 술집)

지루해 보이는 여름의 얼굴에서
점점 멀어지면

왁자지껄한 라디오 팀 회식 자리.
게스트 세 명에 DJ와 PD인 제훈. 모두 다 남자.
여자는 다정과 여름뿐이다.

다정이 남자 셋 사이에 공주처럼 둘러싸여 있고
여름은 한쪽 구석 끝에 앉아
혼자서 홀짝홀짝 맥주를 마시는 중.

게스트1 다정이가 몇 살이라고 했지?
다정 (애교가 철철, 큰 목소리) 저 완전 늙었죵. 늙탱이입니당!
게스트2 서른 넘은 거야?
다정 (무슨 소리~) 아니요. 스물다섯이용. 헤. 꺾였어용.
게스트3 야이씨. 너 그렇게 팽팽한 나이에 그딴 소리 하면 노처녀들은 뭐야. 죽으라는 거야?

일동, 깔깔깔 웃는데.

DJ (제훈에게) 다정이가 우리 팀 활력소네.
제훈 (맥주잔 한 손으로 든 채, 그 말에 동의하는 듯 고개를 끄덕이며) 그러게.

다정 (활발하게) 오빠들! 우리 한잔해용!!

게스트 세 명이 동시에 잔을 들고
제훈과 DJ도 천천히 잔을 든다.
여름도 든다.

짠! 하고 잔이 한데 모여 부딪히는데
누구의 잔과도 부딪히지 않는 여름의 잔.
여름, 그런 건 익숙하다는 듯 다시 맥주를 홀짝인다.

게스트1 근데 우리 다정인 남친이 있나, 없나.
다정 앙. 없어용. 누구 없어용?
게스트2 야. 나 있잖아. 나. (괜히 느끼한 말투로) 오빠 의외로 괜찮다?
다정 (꺄르르 웃는데)
게스트3 너 얼른 하나 골라잡아. 나중에 서른, 아니 서른다섯만 넘어봐라. 그게 여자냐? 그냥 휴먼이지.
다정 (깔깔 웃으며) 에이~ 설마~

일동 깔깔거리고 신나서 떠들어대는데
여름은 할 일이 없어 무력하게 자기 휴대폰 만지는.
뭐가 왔나 보지만, 아무것도 오지 않아
낮에 온 문자 괜히 확인해보니

[한여름 고객님의 37번째 생신을 진심으로 축하드립니다.
교보생명지킴이 정순애]

자신의 생일 축하 문자를 물끄러미 바라보다가

혼자 맥주를 홀짝이곤
가만히 창밖을 바라보는 여름.

창밖엔 여름 나뭇잎이 밤빛에 반짝거린다.

S #16 (N - 새벽 3시 반쯤 / 여름의 집 앞 좁은 골목길)

푸른 나뭇잎이 밤 불빛에 반짝거리는 골목길.
회식이 끝난 뒤 골목을 혼자 걸어가고 있는 여름인데
카톡음 연이어 들려서
확인해보니 고등학교 친구의 문자가 와 있는.

미영 [이번주 토요일에 모임 올거야?]

뚝 멈춰 서서 빠르게 답장 쓰는 여름.

[나 얘기 못 들었는데]

가만히 서서 뚫어져라 휴대폰 창을 보면서
답을 기다리는 여름.
곧 연달아 답장이 온다.

미영 [너한테 연락 안간거야?]
[이번주 토요일에 다 만나기로 했어]
[왜 연락이 안갔지?]

여름, 확인하고 또 빠르게 답장 쓴다.

[안 부른 거겠지]
[나는 애도 없고 결혼도 안 했고]
[... 너네들이랑 다르니까]

전송한 뒤
휴대폰을 가방에 휙 넣어버린 채
골목을 다시 걸어가는 여름.

카톡 알림음이 연이어 들리지만
확인하지 않는다.

S #17 (N / 5성급 호텔 커피숍)

카톡음이 연이어 들려오고.
호텔 커피숍.
여름이 선을 보고 있다.

맞선남 (카톡음 들리는 휴대폰 슬쩍 보고 무음으로 하고 뒤집어놓으면서) 나이가 좀 있으시네요.

여름, 거만하게 앉아 있는 맞선남을 가만히 바라보는데.

맞선남 솔직히 여자 나이 서른일곱이면, 좀 많죠. 남자들이야 40 넘어서도 괜찮긴 하지만. (반응 없는데 지 혼자 주절주절) 그래도 세상 많이 좋아졌어요. 예전엔 스물아홉부터 퇴물 취급받고 그랬는데, 이젠 서른셋 넘어야 선 시장에서 퇴물이라고 하더라구요. (갑자기 이미지 관리) 아. 여름 씨한테 퇴물이라고 한 건 아니고요.

여름 (대답 않고 앞에 있는 커피만 호로록)

맞선남 방송국에서 일하신다고 했죠? 거긴 좀 늦는 사람들이 많겠네요. 근데 여기 법조계도 좀 많이 늦어요. 요즘엔 노처녀 변호사, 노처녀 검사들이 그렇게 많거든. 근데 그런 여자들은 진짜 쎄. 말이 안 통해. 어찌나 자기 색깔들이 강하고 세계관이 확고하신지. (진저리 난다는 듯) 아우. 그래서 전 사실.. (여름에게 약간 느끼하게 웃으며) 어린 애들이 더 좋긴 해요.

무표정하고 건조하게 맞선남을 바라보는 여름.

맞선남 하지만 뭐, 이런 얘기 괜찮을진 모르겠지만, (느끼하게 속삭이는) 속궁합은 어린 애들보단, 좀 나이 든 여자가 더 좋긴 해요. (괜히 웃는) 하하하하!

여름, 그 웃음에도 무관심한 얼굴로
맞선남을 쳐다본다.

아무런 피드백이 없자 약간 당황한 맞선남,
무안한 듯 커피를 마시자
여름도 고개를 숙이고 커피를 홀짝거린 뒤
의도치 않게 커피잔을 탁! 소리 나게 내려놓고
끼이이익 의자를 뒤로 무르는데.

S #18 (D - 낮 / 도로 한복판)

끼이이익 쿵!
앞차를 살짝 박은 여름,
깜짝 놀라 서둘러 차에서 내리자
문 쾅 닫고 나와
무작정 여름에게 화를 내는 앞차 남자.

앞차 남자 아, 이 아줌마가!!!!

여름, 미안하긴 하지만 다짜고짜
자신에게 아줌마라 하는 남자를 황당한 듯 바라보는데.

앞차 남자 (버럭) 이 아줌마야, 눈 좀 달고 다녀! 브레이크등 못 봤어?!

여름, 이젠 자신도 화가 난 듯한 얼굴로 남자를 바라보는데

앞차 남자 (휴대폰으로 보험사에 전화 걸며) 아, 바빠 죽겠구만! 에이씨!

여름, 힘없는 얼굴로 차로 걸어가 차 문을 탁 열고
안쪽에 있는 자신의 휴대폰을 꺼낸다.
전화를 하려는데.

S #19 (D - 낮 / 여름의 집 앞 좁은 골목길)

출근을 하고 있던 여름,
전화가 와서 휴대폰을 귀에 대고 있는데.
받자마자 뭔가 폭탄처럼 우르르 쏟아지는 잔소리 느낌.
여름, 가다가 뚝 멈추는.

전화를 끊은 여름.
뭔가 화가 나는지, 어쩔 줄 몰라 한다.

골목 한가운데를 울 것처럼 서성이다가
담벼락에 기대서서 고개를 푹 떨군 채
우는 건지. 생각하는 건지.
서 있는 여름.

멀어지면서.

S #20 (N - 밤 / 지상파 라디오국 사무실)

여름 O.S (약간 당황, 목소리 올라간) 누구요?

라디오 프로그램 회의 시간.
사무실 가운데 큰 책상에
다정과 제훈, 여름이 앉아 있다.

제훈 팝 칼럼니스트, 박해준이요.
여름 (약간 당황한 얼굴이지만 숨기려고 하는)
다정 (자기 앞에 있는 노트북으로 박해준 검색하더니) 와. 이 남자 완전 훈남이네? 대박.

여름 그 사람 요즘 바쁘지 않을까요?

제훈 뭐, 방송하는 거 없지 않아요?

여름 (못 나오게 하려고 설득하기 시작하는) 그리구. (거짓말하느라 잠깐 딴 데 보다가) 그 코너엔, 박해준 씨보단 뭐, 양재형 선생님이나.

제훈 (얘 왜 이래, 말 끊으며) 우리 프로그램에 맞게 좀 젊은 느낌으로 가고 싶은데.

다정 (노트북으로 박해준 검색만 하면서) 완전 대박 잘생김! PD님. 이 사람 불러요!

여름 (할 말이 없어 가만히 있는)

제훈 여름 씨가 섭외 좀 해줘요. 전화번혼 내가 알아봐줄게.

다정 (계속 노트북 보면서) 대에박. 언제 오는 거예요, PD님? 제 친구들도 불러도 돼요?

제훈 ('오라고 하던지.' 하려는데)

여름 (약간 날카로워져 차분한 어투, 작은 목소리) 소풍 가니?

다정 (단숨에 쫀다)

제훈 (이 상황에 끼기 싫다) 그럼 각자 일 봅시다. (벌떡 일어나 자리로 가버리는)

다정이 온몸으로 시무룩을 표현하며
노트북 들고 일어서서 작가실로 간다.
여름은 책상 앞에서 쉽게 일어서지 못하고 앉아 있다.
어찌해야 할지 모르겠다는 표정.

S #21 (D - 오후 / 지상파 라디오국 사무실 복도)

여름 (간절) 언니가 좀 도와줘. 응?

사무실 복도 구석에 서 있는 여름과 해원.

해원 그냥 니네 PD보고 하라고 해.

여름 나보고 하라고 딱 잘랐어. 근데 거기서 어떻게 싫다고 해. 그게 더 이상하잖아.

해원 근데 문제는 그게 아니잖아. 섭외 오케이 하면 어쩔 거야. 그럼 마주치잖아. 그게 문제지, 이 바보야.

여름 (한숨) 그거까지 생각하니까 머리가 터질 것 같아서... 일단은 이것부터 해결할라고.

해원 (맞어! 이런 방법이 있었지) 야, 너 휴가 가!

여름 그 전에 벌써 잡혀 있어. 비행기 표도 취소 못하구.

해원 헐. 어디로 가는데.

여름 미국 언니네. 언니가 휴가 가서 집이 비거든. 거기 며칠 좀 있으려고.

해원 완전 빼도 박도 못하겠구만.

여름 언니가 전화 한 번만 해줘. 우리 팀 작가인 척하면 되잖아. 다정이라고 해. 섭외만 하면 돼. 안 된다고 하면 더 좋고.

해원 (휴대폰 꺼내며) 알았어. 전화번호 불러.

여름 (외우고 있다, 빠르게) 01008616988.

해원 (번호 누르며) 장하다. 6년 전에 헤어진 사람 전화번호를 달달 외우고 있고.

여름 (할 말이 없어 그냥 보는데)

해원 (전화 연결되자 목소리 바꾸며) 아, 여보세요? 안녕하세요? 저는 CBC 라디오 [밤의 세계] 작가, 정다정이라고 합니다.

여름, 통화하는 해원을 아련하게 바라보는데.

S #22 (D - 오후 / 해준의 오피스텔 : 작업방)

해준 네.

자신의 오피스텔, 작업방에서 전화를 받고 있는 해준.

해준 (전화 받으며 네이버 검색창에 [밤의 세계]를 친다) 9월 마지막 주 금요일이요. (달력 보더니) ... 될 것 같은데요? ([밤의 세계] 홈페이지 들어가 보며) 예. 알겠습니다. (뭔가 듣고) 예. 그럼 그때 뵙죠. (뭔가 듣고) 네.

전화를 끊는 해준.
끊은 채 [밤의 세계] 홈페이지를 살핀다.
그러다 보는 작가의 이름.

[작가 : 한여름, 정다정]

거기서 뚝 멈추는 해준.
다시 전화기를 들어
방금 전화한 사람에게 다시 전화를 할까, 하다가
'뭐 어때.' 전화기를 다시 내려놓는다.
[밤의 세계] 홈페이지를 무자비하게 닫아버린다.

S #23 (D - 오후 / 지상파 라디오국 사무실 복도)

여름 (조급) 뭐래?

전화를 끊고 약간 난감한 얼굴의 해원.

해원 된다는데?

여름, 복잡한 얼굴로 한숨 쉬는데

해원 ... 정 곤란하면 니네 PD한테 한번 말해봐. 사실, 내가 이 남자랑...

여름 (단박에) 말이 돼?

해원 (잠시 생각하더니) 하긴. 말이 안 되긴 한다. 그냥 PD도 아니구. 너랑 썸 탄 PD인데.

여름 (고요히 한숨 쉬며) 썸 아니야.

해원 (차분하게 따지는) 그럼 그게 뭐야? 데이트도 하고. 밤마다 전화도 하고. 너 그때 한참 설레었던 거 기억 안 나?

여름, 해원을 무표정하게 바라보는데.

S #24 (D - 새벽 / 오제훈의 차 안)
; 과거 * 10개월 전 (2016년 10월)

오제훈, 키스할 듯

조수석에 앉아 있는 여름에게 다가가는데

설레는 얼굴의 여름.

S #25 (D - 오후 / 지상파 라디오국 사무실 복도)

해원 (고개 절레절레) 그니깐 직장에선 뭘 만나면 안 돼. 만날 놈도 없는 게 현실이지만.

여름 (약간 부드럽게) 그런 거 아냐, 언니.

해원, 여름을 '뭐가 아니야?' 톤으로 쳐다보면

여름 ... 아무것도 아니었어.

해원 ('진짜 아니라고?' 하는 얼굴로 보면)

S #26 (D - 새벽 / 오제훈의 차 안)
; 과거 * 10개월 전 (2016년 10월)

오제훈과 여름의 입술이 닿는다.

S #27 (D - 오후 / 지상파 라디오국 사무실 복도)

여름 (확신) 아무것도 아니었어. 오제훈은.

S #28 (N - 저녁 / 방송국 모처의 호프집)

제훈 누가 그래요?

방송국 모처의 호프집.
선후배들과 술 한잔하는 오제훈 PD.

제훈 내가 한여름 작가랑 사겼다고?
여자 PD 에이. 소문 다 났던데, 뭐. 자기가 한여름 데려다 쓸 때부터 내가 알아봤다니깐?
제훈 (냉정) 아닙니다.
남자 선배 PD 아니었어? 작가들 사이에선 얘기가 좀 있든데? 왜 거기 막 내가...
후배 PD (말 자르며) 제훈 선배 그러는 여자가 한둘이야?
제훈 (휙 째려보면)
후배 PD (수습) 인기 있잖아. 선밴. 작가들이 선배랑 일할라고 줄을 섰다던데. 뭐, 작가 걱정 없어서 선밴 좋~ 겠다.
남자 선배 PD (조금 코믹, 자조) 난 성격이 드럽다고 소문이 너무 났나? 아무도 나랑 일을 안 할라 그래.
후배 PD 그건 어쩜 성격 때문이 아니야. 선배.
남자 선배 PD 그럼 뭔데?
후배 PD (남자 선배 PD를 향해, '그건 얼굴'이라는 제스처)
여자 PD (제훈에게) 진짜 아니야?
제훈 (냉랭) 제가 이혼하고 누구랑 연애하는 거 봤어요?
여자 PD ('그렇긴 한데...' 하는데)
후배 PD 그럼 선배. 나 다음 학기에 한여름 작가 데려간다? 그래도 되지?

제훈　(귀찮은 듯) 데려가고 싶으면 데려가. 어차피 나도 이 프로그램 떠날 것 같은데.

여자 PD　(후배 PD에) 근데 나이 꽉 찬 노처녀 작간 좀 까탈스럽지 않니?

후배 PD　그렇긴 한데, 난 그래도 잘 쓰는 작가가 좋드라. 글은 못 쓰면서 PD한테 입안의 혀처럼 구는 작가가 무슨 작가야? 요즘 그런 작가 너무 많지 않아요?

말하고 앞에 있는 맥주 한 모금 하는 제훈.

남자 선배 PD　거, 이번에 사장 바뀌면서 부장단 바뀐다는 건 사실이야?

여자 PD　최희숙이 내정이라던데요? 어떡해~ 그 여자..

사람들 소리 멀어지며
제훈, 여름과의 기억이 생각나는데.

S #29　(N - 밤 / 제훈의 빌라 : 거실)
; 과거 * 10개월 전 (2016년 10월)

여름　(조곤) 이런 관계는 뭐라고 부르나요?

여름은 서 있고
제훈은 소파에 앉아 있다.
앉아 있는 제훈이
서 있는 여름의 한 손을 잡고 있는 상황.

제훈　('뭐?' 하는 얼굴로 여름을 보자)

여름　(손을 가만히 빼며) 사귀는 사이다. 친구 사이다. 일하는 사이다.

제훈　(아직은 웃음기가 있는) 그중 하나를 골라야 돼?

여름　(정색, 당돌) 네.

제훈　거긴 없는 것 같은데. (말하고 '그런 걸 왜 물어?' 하듯 보면)

여름　저는 이렇게 애매한 거 싫어요. (제훈을 쳐다보는)

제훈　(그럼 어쩔 수 없지) 그래?

여름　(똑바로 쳐다보며 '응.' 하는 얼굴)

제훈, 옆을 돌아보며 한숨 작게 쉰다.
마지막 희망처럼 제훈을 바라보고 있는 여름인데

제훈　(여름 똑바로 쳐다보며, 냉정하고 로봇처럼) 그럼 우리 이제, 일만 하죠. 한여름 작가님.

여름, 제훈을 보는 눈빛.
묘하게 쓸쓸하다.

S #30　(D - 오후 / 지상파 라디오국 사무실 복도)

여름　(조금 쓸쓸) 오제훈은 모든 여자한테 다 그래.

해원, 여름을 안타깝다는 듯 바라보는데.

S #31　(D - 점심시간 / 지운의 대기업 사옥 옥상)

혜리 O.S　야, 김지운!

점심시간, 옥상에서 만난 혜리와 지운.

혜리　헤어지자는 소리가 그렇게 가벼워? 그게 그렇게 쉽게 나불댈 소리라고 생각해?

지운　('또 시작됐다.' 하는 얼굴로 혜리를 쳐다보면)

혜리　(쏘아대는) 적당히 좀 하란 말이야! 니가 헤어지자는 말을 얼마나 많이 했는 줄 알아? 셀 수도 없어. 이 자식아.

지운　(약간 건성) 아, 미안해.

혜리　미안하다는 말로는 안 돼. 다시는 그러지 않겠다고 약속해.

지운　(대답 안 한다)

혜리　(콱 짜증) 안 해?!

지운　(터지는) 윤혜리.

혜리　(지지 않고, 더 크게) 뭐!!

지운　(폭발) 니가 이렇게 나를 몰아세우니까 내가 못 참는 거야. 난 이런 거 너무 싫어. 좀 나긋나긋하면 안 돼? 좀. 좀 부드럽게. 그게 어려워? 욱하지 좀 말고. 사람 좀 그만 볶으라고! 니가 무슨 한여름이야?

혜리　뭐?

지운　('헉. 잘못 말했다.' 싶은)

혜리　(전세 역전) 너 지금 뭐라고 했냐?

지운　(화낸 게 민망할 정도로 바로 꼬리 내려버리는) 아니이... 덥다고... 한여름처럼... 한여름이잖아. 지금. 와. 여름이네. 우와. 여름이다.

혜리　(째려보는데)

지운 (싹싹 빌기 시작) 내가 잘못했어. 내가 미안해. 내가 지금 미쳤지? 돌았지? 그치? 혜리야. 혜리님. 혜리옹.

혜리 1년 365일 중, 360일을 욕하는 니 엑스 걸프렌드랑 지금 날 비교한 거야?

지운 그니깐. 비교는 아니고. 그냥 잘못 튀어나온 거야. 어디 가서 방구 잘못 뀌고 오는 것처럼. 응? 너도 알잖아. 걔는 성격이,

혜리 (받아 채며) 완전 더럽지. 나처럼.

지운 너는 천사. 걔에 비하면 넌... 화내는 것도 아니다? 넌 완전 장난치는 거야. (애교) 귀엽게~ (그래도 안 풀리는 것 같자 싹싹 빌면서) 미안해. 미안해. 내가 무조건 잘못했어.

혜리 (조교처럼) 술 먹고 전화기 끈다, 안 끈다.

지운 (급해서) 안 끈다. 절대 안 끈다. 지구가 망해도 나는 전화기를 절대 안 끈다.

혜리 (자기 팔짱 끼고 사무실 쪽 내려가는 계단으로 가면서) 너 지난번에도 나한테 한여름 같다고 한 건 알지?

지운 (강아지처럼 졸졸 쫓아가며) 그치. 알지. 그때도 내가 미쳤었지. 내가 왜 이럴까? 오늘 저녁에 술 한잔할래? 오빠가 사줄게.

혜리 나보다 어린 주제에 오빠오빠 하지 말랬다.

지운 네. 누나.

혜리가 웃자 지운 역시 헤헤. 웃는.
다정하게 내려가는 둘.

S #32 (D - 낮 / 현진의 은행)

현진 (건조) 이름이 특이하시네요?

현진의 앞에 있는 고객이
대출 관련 서류를 꼼꼼히 채우기 시작하는데
이름 칸에 적는 [한여름]이란 글자에

남자 고객 (멋쩍게 웃으며) 아. 네.

현진 (단순히 대화를 하기 위해 꺼내는 화제) 제가 예전에 잠깐 만났던 친구도 그 이름이었는데.

남자 고객 (현진 쳐다보며, 신기해서) 아, 그래요? 이거 흔치 않은데… (다 써서 현진에게 건네주자)

현진 (서류 받아들면서) 그래서 그런가. (고객이 서류를 주자 뭔갈 체크하며) 지나고 나니깐 이름밖에 안 남더라구요.

남자 고객, 동의하듯 픽 웃는다.
현진은 건조한 얼굴로 고객이 작성한 서류를 바라보는데.

S #33 (D - 정오 / 여름의 부엌)

치이이익. 계란 프라이를 하는 여름.

무료하게 바라보다가 곧 프라이팬의 계란을
투박한 그릇에 담긴 밥으로 툭, 옮긴다.
그리고 싱크대에 그냥 그러고 선 채
밥을 쓱쓱 비벼서 '아' 한입 먹는데.

우물우물 씹으며

부엌 바로 옆 거실에 있는 TV로 드라마 한 장면을 바라보는데
드라마에서
남자가 여자에게 신발을 신겨준다.
여자가 설레어하는 얼굴로 남자를 바라본다.

무심히 TV를 보는 여름.

S #34 (D - 오후 / 여름·지운의 대학 캠퍼스 앞)
; 과거 * 여름 23세 / 지운 21세 (2003년 여름)

생기 있고 싱그러운 여름이
다짜고짜 한쪽 신발을 벗어 멀리 던진다.

깡깡 한쪽 발로 뛰어가며 여름은 신났는데
옆에 있는 지운은 '아. 쟤는 왜 신발을 던지고 저래.'
하는 느낌으로 하늘을 보며 한숨 쉬고 있다.

S #35 (D - 정오 / 여름의 부엌)

다 먹은 그릇을 싱크대에 던진 뒤
쏴- 수돗물을 틀고 빠르게 설거지를 하는 여름.
무표정. 버석버석한 느낌.

부엌의 작은 창으로 햇살이 들어온다.

S #36 (D - 낮 / 고등학교 운동장 스탠드)
; 과거 * 여름 18세 / 현진 19세 (1998년 여름)

여름의 운동화 끈을 매주고 있는
현진의 등덜미.
설레는 얼굴로 바라보는 여름의 표정.

S #37 (D - 정오 / 여름의 부엌)

창가로 들어오는 햇살을
살짝 찡그린 채 바라보는 여름.

S #38 (D - 오후 / 해준의 오피스텔)
; 과거 * 여름 31세 / 해준 31세 (2011년 여름)

안경을 쓰고
소파에 앉아 노트북으로 칼럼을 작성하고 있는 해준의 볼에
푸시시 웃으며 장난스럽게 자기 맨발을 들이미는 여름.
'하지 마.' 웃는 해준.

S #39 (D - 정오 / 여름의 부엌)

울고 싶지만 울 수가 없는 얼굴로 가만히

설거지를 하는 여름.
설거지를 하느라 흔들리는 어깨가
수돗물 쏟아지는 소리에 맞춰 우는 것만 같다.

S #40 (N - 밤 11시 45분쯤 / 지상파 라디오국 사무실 내 작가실)

프린터에서 원고가 쉬지 않고 나오는데
무표정한 얼굴의 여름, 그 앞에 서서 원고를 재촉하듯
종이를 죽죽 잡아 빼서 챙기고 있다.
원고 마지막 장이 나오자 확 잡아 빼 급히 나가버리는데.

정선 O.S 언니! (급하게 부르는) 언니!!

S #41 (N - 밤 11시 45분쯤 / 지상파 라디오국 사무실 복도)

여름, 걸어가면서 슬쩍 돌아보니
원고를 들고 종종 가는 여름을 부르는 후배 작가 정선.

정선 (빠르게 걷는 여름 종종 쫓아가며) 언니네 오늘 미러 나온대매?
여름 (걷는 걸 멈추지 않는. 긍정의 의미로 대답 안 하는)
정선 나 싸인 좀 받아다 주면 안 돼? 나 유세진 완전 팬이거든.
여름 (귀찮은 것보단 급하다) 알았어. (엘리베이터 앞 도착해 버튼 막 누르는)
정선 진짜? 앨범에다 받아줄 수 있어? 이번에 나온 거에? 응?

여름　　('그건 좀...' 하듯 슬쩍 보지만 급한 게 먼저) 알았어. (엘리베이터 도착하자 타서 닫힘 막 누른다)

정선　　(활짝 웃으며) 고마워. 언니!! (신나서 양손 흔들며 배웅하는. 입모양으로 '잘 가!!')

문이 닫히자 잠시 엘리베이터 안의 거울을 볼까.
망설이는 여름.
조심스레 거울 쪽으로 고개를 돌리려는 찰나 1층에 도착한다.
볼 것도 없이 급하게 내리는 여름.

S #42　　(N - 밤 11시 50분, 55분쯤 / 라디오 생방송 스튜디오 접견실)

다정　　저 진짜 팬이거든용. 우왕!

다른 미러 멤버들은 먼저 스튜디오에 들어가고
유세진과 매니저만 접견실에 서서
다정에게 스텝용 앨범을 챙겨주고 있다.

세진, 싸인한 앨범을 다정에게 휙 주자

다정　　(호들갑) 아. 정말 감사합니다. 아, 저기요.
세진　　(다음 앨범 받아서 싸인하려다 다정이 불러서 흘끗 보니)
다정　　저 악수 한 번만 해봐도 돼용?
세진　　(잠시 보다 '어려운 일도 아니지.' 손을 주자)
다정　　(덥석 채 과하게 손 흔들면서) 아, 감사합니당. 아. 따뜻하당.

세진 (약간 소름 끼쳐 손 쓱 빼 다른 앨범에 싸인하는데)

마침 접견실에 도착한 여름.
앨범에 벌써 싸인하고 있는 세진을 보자
급해져 종종 걸어와

여름 (급하게 왔지만 티 안 내려고 침착한 목소리) 전 이정선이에요. (다정에게 들고 있던 원고 주면서 먼저 들어가 보라는 눈짓)

순간 멈칫하는 세진.
얼굴 확인하려는 듯 차갑게 여름을 바라보는데.
여름은 그 눈 모르고,
다정이 먼저 들어가는 걸 확인하고 있다가
세진의 눈빛에 뒤늦게 반응한다.
'왜요? 뭐요?' 하듯.

세진 (말없이 앨범에 이름 써주면서) 그쪽은 이름이 두 갠가 봐요.
여름 (못 알아듣고 '네?' 표정만)
세진 (싸인한 앨범 여름에게 툭 안기며. 약간 경멸하는 눈빛) 이정선 님 싸인은 이정선 님이 직접 와서 받으시는 걸로. (여름이 뭐라 할 틈도 없이 스튜디오로 매니저와 함께 이동하는)

여름, '응? 저게 무슨 소리야?' 세진이 준 앨범을 확인하니
세진의 싸인 밑에 선명하게 적혀 있는
[한여름 작가님께]

멈춘다.

창피함에 얼굴이 빨개지는데.

S #43 (N - 새벽 2시 넘어 / 지상파 라디오국 사무실 내 작가실)

정선 (자기 팔짱 끼고 약간 따지는 듯한 자세) 그래서. 못 받았다고?

집에 가려고 가방 챙기고 있는 여름.

여름 (노트북을 노트북 파우치에 쑤셔 넣다가 자기 가방에 있는 미러 CD 꺼내 정선에게 밀어주며) 이거라도 갖던가.

정선 (다시 여름에게 밀며. 시무룩) 됐어. 이건 언니 거잖아.

여름 (카디건까지 다 챙겼다. 나가기 전에 서서. 그다지 화내는 투는 아니고) 야. 개망신은 내가 당했거든. 짜증 내지 마라.

정선 (그 말 듣자 미안해, 여름 졸졸 따라가며) 왜. 걔가 뭐라고 해?

여름 아니. 뭐라고 한 건 아니고. (생각하는)

정선 (여름이 생각하자 궁금) 왜에. 응?

여름 (세진의 눈빛이 떠올라 뚝 멈춰 선다) 눈빛.

정선 (눈빛?)

여름 (세진의 눈빛 생각하면서 말하는) 사람을 좀 경멸하는 듯한 그런 눈빛이었는데...

S #44 (D - 오후 / 방송국 1층 엘리베이터)

미러 멤버들, 매니저와 함께 엘리베이터에 타 있는 세진.
눈이 아주 날카롭고 시니컬하다.

엘리베이터가 1층에 멈추자 우르르 내려
사람들의 흘끔거리는 시선 속에
방송국 로비 쪽으로 나가는데.

그사이 옆 엘리베이터 앞에 도착한 여름.
노트북과 가방을 바리바리 든 상태에서 **[오름]** 버튼 누르고
'한숨 돌렸다.' 기다리는데.

세진 O.S (무심결에 말하듯) 이정선이었죠?

여름 (소리에 확 돌아보니)

세진 (어느새 여름 옆에 서 자기 싸인 CD에 이정선이라 이름 쓰고 있는)

여름 ('뭐지?' 어안이 벙벙한 채 보는데)

세진 (여름의 짐 더미에 CD를 푹 꽂아주며) 내가 기억력이 좀 좋아서.

여름의 대답이 있기도 전에
저 앞에서 기다리는 무리 쪽으로 가버리는 세진.
엘리베이터가 도착했지만
갑작스런 상황에 '어? 뭐? 응?' 세진 쪽 쳐다보는 여름이다.

S #45 (D - 오후 / 지상파 라디오국 사무실 복도)

복도 한쪽에 서서 미러의 앨범을
'뭔가 있어...' 하듯 심상치 않은 얼굴로 보고 있는 해원.

여름 (옆에서 자기 팔짱 끼고 생각하며) 약간 소름 끼치는 것 같아.

해원 (앨범을 보다가) 이게?

여름 아니. 유세진. (눈 생각하니 소오름)

해원 (전혀 다른 방향) 근데 얘는 니 이름을 어떻게 알았대니?

여름 (설레발이네 또) 또. 또 시작이다. 언니.

해원 굳이, 굳이 와서 다시 줄 것까진 없지 않나?

여름 지나가다가 보고 준 거겠지.

해원 그럼 이건 어떻게 설명할 거야. (앨범 내미는데)

[이정선 님께] 싸인 밑 메시지.

[한여름에게 고마워할 것]

여름 (대수롭지 않음) 되게 기분이 나빴다는 거지.

해원 (좀 흥분) 뭐가!

여름 내가 대신 싸인을 받으려고 한 게.

해원 (흥분) 왜?

여름 그러니까 소름이 끼친다고. (앨범 휙 뺏으며) 줘. 내가 다신 이딴 거 대신 받아주나 봐라. (작가실 쪽으로 툴툴 걸어가는데)

해원 (쫓아가며) 아닌데. 나 느낌이 오는데? 이건 좀 다른데?

여름 언니 느낌 약간 그지 같아.

해원 (이씨) 야.

여름 (진지) 언닌 추리 같은 거 하지 마. 안 맞으니깐. (고개 도리질하는)

해원 야. 너 나 너무 무시하는 거 아니니?

여름 (픽 비웃는데)

S #46 (D - 오후 / 방송국 야외 주차장)

미러 멤버1 (세진에게) 야. 아까 그건 뭐냐?

방송국에서 나와 차로 걸어가고 매니저와 세진, 미러 멤버들.

세진 ('뭐.' 쳐다보자)
미러 멤버1 너 어떤 여자한테 뭐 줬잖아. 뭐야. 누구야?
세진 (픽) 그냥.
미러 멤버1 (그냥이 뭐지?)
세진 (약간 의미심장. 혼잣말하듯) 그냥 좀 거슬려서.
미러 멤버2 (뒤에서 와 장난스럽게 세진 어깨 감싸며. 괜히) 왜. 누가 널 거슬리게 하는데? 어? 누군데.
세진 ('그건 아니고.' 하듯 또 픽 웃는데)

밴에 다다라 차에 타는 미러 멤버들.
세진도 타려다가

세진 (매니저에게) 참. 형.
매니저 (운전석으로 가다가 돌아보곤) 어.
세진 우린, (의미심장) ... 라디오 고정 같은 거 안 해?
매니저 ('라디오?' 쳐다보는데)

알 수 없는 표정으로 매니저를 바라보는 세진.

S #47 (N - 새벽 12시 30분쯤 / 라디오 생방송 스튜디오)

생방송 스튜디오 컴퓨터 앞에 앉아
뭔가 어이없고 한 대 얻어맞은 표정으로
앞을 바라보고 있는 여름.

앞에 세진이 제훈과 이야기를 나누고 있다.

제훈 (세진에게 웃으며) 들어가시면 돼요, 이제.

세진, 생방송 내부 스튜디오로 들어가 문을 닫는다.

여름, 세진이 들어가자마자 바로 제훈에게 시선을 돌리는.
'상의도 없이 지금 이게 뭐하는 짓이죠?' 하는 눈빛으로.

제훈 (눈빛 읽고) 고정 하고 싶다길래, 한번 와서 맞춰나 보라고 했어요.
여름 그래도 무슨. 원고도 없이.
제훈 그냥 한번 들르라고 했는데, 바로 왔네?

여름, 뭐라고 더 할라 치는데

다정 (아주 신났다. 종이컵에 차 두 잔 타서 내부 스튜디오 문 앞에서) PD님. 저 잠깐만 들어갈게용. 들어가도 되죵?
여름 (약간 짜증조) 근데 저 사람 들어갈 자리가 아예 없지 않나요, 우린?
제훈 (다정에게 들어가라 눈짓해주곤) 뭐 잘하면 자리 하나 만들어주고. 못하면 그 핑계로 빼는 거죠. 뭐.

기막힌 여름.
생방송 내부 스튜디오를 보는데
DJ와 웃고 이야기 나누는 세진.
벌써부터 능숙해 보인다.

작게 한숨이 나오는데.

S #48 (N - 새벽 3시쯤 / 여름의 방)

퇴근 후 집으로 돌아온 여름.
힘없이 방문을 닫고 들어와 책상 앞 의자에 앉는다.
'이건 뭐지?' 앉아서 생각하는데.

S #49 (N - 새벽 2시 15분쯤 / 지상파 라디오국 사무실)

제훈 (자기 자리에서 CD, 서류 정리하면서. 단호한 목소리) 고정 가죠. 초대석 하나 빼고, 취향 선곡하는 걸로.
여름 (옆에 서서) 근데요.
제훈 (흘끔 보는. 차갑다)
여름 (다다다 따지는) 유세진은 왜 갑자기 우리 고정을 하겠다는 거예요? 지금 한창 바쁠 시기 아닌가요? 저러다가 투어 한다고 스케줄 마음대로 빼버리면 우리만 손해 아니에요?
제훈 (그 말에 생각하는 듯 한숨 쉬는)
여름 초대석도 이제 좀 자리 잡기 시작했는데, 이렇게 갑자기.

제훈 (혼잣말하듯) 그건 생각 안 해봤지.

여름 ('뭐?' 보자)

제훈 난 그냥. ('야. 까라면 까!' 느낌) 유세진이라길래 받은 건데?

여름, 제훈의 눈빛이 뭘 말하는지 안다.
할 말 없어지는데.

여름 O.S (확신에 찬 어조) 관심이 있어서 그러는 거야.

S #50 (D - 낮 / 여름·지운의 대학 캠퍼스 : 강의실)
; 과거 * 여름 22세 (2002년 여름)

여름 (아주 자신만만한) 내가 딱 느낌이 왔다.

강의 끝나고 친구와 강의실 나서는 여름인데.

대학 친구 (웃기네) 야. 너한테 소개팅 시켜달라고 했대매. 그게 무슨 관심이냐? ('웃겨.' 비웃는)

S #51 (D / 여름·지운의 대학 캠퍼스 앞)
; 과거 * 여름 22세 / 지운 20세 (2002년 여름)

지운 아, 누나. 나 소개팅 좀 해주면 안 돼요, 네?

대학 정문을 빠져나와 걷는 여름을

졸졸 쫓아오는 지운.

여름 (종종 걸어가며) 아. 그러니까. 어떤 여잘 좋아하는데. 내가 뭘 알아야 해줄 거 아냐.

지운 (대충 말하는) 아무 여자면 돼요. 아무 여자. 네?

여름 (아 답답해) 아니. 아무 여자 말고. 구체적인 스타일을 좀 말해 보라고.

지운 (나도 답답해) 아니. 그냥 아무 여자면 된다니깐? (이것이 본론) 그리고 그 전에 나 밥부터 사줘요.

여름 (뭐?) 밥?

지운 네! 밥!

여름 밥은... (미심쩍기 시작) ... 갑자기... 왜?

지운 어... (지금 생각난 거짓말) 그때 말해줄게요. 어떤 여자 좋아하는지. 구체적으로. 나 밥 사줄 거죠, 누나? 그쵸, 누나?

여름 알았어. (수상한데) 뭐. (약간 망설이다) 언제 사줘?

지운 (신이 난다) 오늘이요!! 오늘!

여름, 쉴 새 없이 보채는 지운을
'이거 이거 감이 오는데?' 하듯 바라보는데.

S #52 (D – 낮 / 여름·지운의 대학 캠퍼스)
; 과거 * 여름 22세 (2002년 여름)

여름 (확신) 소개팅은 완전 핑계야. 나랑 밥 먹는 게 목적이라니깐?

대학 친구 ('아, 완전 공주병.' 하듯 피식 비웃는데)

여름 너. 두고 보자. 얘가 나한테 고백하면 어떡할 거냐?

대학 친구 (완전 대놓고 비웃는) 아이코. 퍽이나.

여름 (어어?) 어쭈?

정선 O.S 언니는 기본적으로, 넘나 공주병이야.

S #53 (N / 방송국 앞 프랜차이즈 커피집 : 야외)
; 과거 * 1년 전 (2016년 8월)

커피집 야외 파라솔에 앉아
이야기 나누고 있는 여름과 정선.

여름 (대학시절만큼 자신감이 있진 않다. 약간 시니컬. 그래도 현재보단 활력이 좀 있는) 야. 공주병이라는 건, 아무것도 없는데 혼자 착각하는 거고.

정선 (픽 비웃는)

여름 난 뭐가 있어서. 추측하는 거고.

정선 ('말도 안 돼.' 하는데 여름에 대해 약간 질투가 있다) 아무리 그래도 그렇지. 인사? 겨우 인사? 그거 가지고 오제훈이 언니한테 관심이 있는 것 같다고? 나도 그 사람이랑 인사는 했거든?

S #54 (N / 지상파 라디오국 사무실 복도)
; 과거 * 1년 전 (2016년 8월)

복도 한가운데에서 활짝 웃으며
여름에게 악수하자는 듯 손을 내미는 제훈.

제훈　　반가워요.

여름, 경계하는 고양이처럼
제훈을 쳐다보고 있는데.

S #55　(N / 방송국 앞 프랜차이즈 커피집 : 야외)
; 과거 * 1년 전 (2016년 8월)

여름　　(뜨거운 아메리카노 후룩 마시며) 아, 그렇게 못 믿겠으면 한번 두고 보시라고요. 참고로 (정선이 보며. 확신에 찬 얼굴) 난 살면서 이런 거 착각해본 적이 한 번도 없다.

정선　　(그래도 인정 못하겠다) 아무리 그래도 그렇지. 무슨 인사 하나 가지고. 어우. (오바야)

여름　　인사 하나 가지고 그러는 게 아니거든요?

정선　　그럼!

여름　　(자기 눈 가리키며) 눈.

정선　　누운?

S #56　(N - 새벽 1시쯤 / 라디오 생방송 스튜디오)

생방송 내부 스튜디오 안에서
스튜디오 밖을 바라보고 있는 세진의 눈.
뚫어져라 여름을 바라보고 있다.

여름, 그 눈을 바라보는데.

S #57 (N / 방송국 앞 프랜차이즈 커피집 : 야외)
; 과거 * 1년 전 (2016년 8월)

여름 (자기 얼굴 가리키며) 표정은 어떻게 거짓말을 할 수가 있는데. (손가락으로 자기 눈 가리키며) 요 눈은. 거짓말을 할 수가 없어요. 제어가 안 되거든.

정선 (피. 그런가?)

여름 두고 봐. 내 말이 맞지. (픽 웃는데)

여름, 뜨거운 커피 마시며
커피숍 앞을 지나는 사람들을 호기롭게 바라본다.

곧 새롭게 시작될 사랑에
기분이 조금 좋아진 얼굴이기도 한데.

S #58 (N - 새벽 3시쯤 / 여름의 방)

그때보다 훨씬 지쳐 보이고 피곤해 보이는
현재의 여름.

문득 방에 있는 전신 거울 속 자기 자신과
저도 모르게 눈이 마주치는데.
초라하다.

못 볼 걸 봤다는 듯 획 피해버리는 여름.

S #59 (N - 밤 10시 넘어 / 지상파 라디오국 사무실 내 작가실)

여름만 있는 작가실.
사무실도 고요하다.

여름, 모니터에 빨려 들어갈 듯
키보드 치면서 집중하고 있는데.

세진 (여름 옆에 쓱 와서 모니터 함께 보며. 낮게) 아. 이런 것도 다 원고였구나?

일하다가 흠칫하는 여름.
'뭐야. 얘가 왜 여길 와?' 쳐다보는데.

세진 (개의치 않고 여름 옆 의자에 풀썩 앉아 주위를 휘휘 보며) 여기서 일하는 거예요?

여름 ('그렇긴 한데, 니가 여길 왜 왔어?' 생각하느라 말 못하는)

세진 (휘휘 둘러보기만 하는데)

여름 ('뭐. 저러다 돌아가겠지.' 컴퓨터 앞으로 와 키보드 다시 치는데, 시선 의식하느라 전보다 속도가 느려진다)

세진 (여름이 일하자 휙 의자째 여름 옆으로 확 가까이 가, 모니터 같이 보며) 어? 오타다.

여름 (오타 지적에 얼굴이 새빨개진다. 멈추는데)

세진 (여름 얼굴 옆에 붙어서 모니터 보며) 왜 안 써요?

여름　(세진이 너무 옆에 있어서 숨이 멎을 것 같다)

세진　(그 상태에서 여름 돌아보며) 왜 숨은 안 쉬고?

여름　(숨 안 쉬는 거 들켜서 다시 얼굴이 빨개지는데. 옆도 못 보고 앞만 보는, 겨우 한 글자 쓰는데)

세진　(픽 웃더니. 벌떡 일어나는) 에이. 재미없다.

여름　(그 상태에서 '뭐?' 쳐다보자)

세진　(작가실 다른 쪽 보면서 대충) 갈게요. (쌩 나가버린다)

아직도 새빨개져 있는 여름의 얼굴.

마치 마음을 다 들켜버렸는데
코앞에서 거절당한 기분이다.

여름 E /　(덤덤) 예전엔 다 알았던 것 같아.

〈몽타주〉

S #60　(N - 새벽 1시쯤 / 라디오 생방송 스튜디오)

컴퓨터 앞에 앉아 있는 약간 상기된 여름.
곧 세진이 들어온다.

하지만 여름과 눈도 마주치지 않고
생방송 내부 스튜디오로 쌩- 들어가버리는.

여름 E /　근데 이젠 정말 모르겠어.

여름의 눈가에 슬쩍 스치는 실망.

여름 E / 아니. 모르는 게 아니라,

방송 중에도 DJ 쪽만 바라보는 세진.
스튜디오 바깥쪽은 눈길도 주지 않는다.

여름 E / 이제는 예전 같은 일이 더 이상 일어나지 않아서

여름이 직접 생방송 내부 스튜디오 안으로
문자 메시지 프린트한 걸 들고 가서
DJ와 세진에게 한 장씩 준다.
그럼에도 불구하고 세진은 여름에게 전혀 신경 쓰지 않는다.

여름 E / 까먹었나 봐.

내부 스튜디오에서 나오는 여름.
예전처럼 어두워진 얼굴이다.

S #61 (D - 오후 / 방송국 앞 아이스크림 집 : 야외)

방송국 앞 아이스크림 집 야외 철제 의자에 나란히 앉아
아이스크림을 먹고 있는 해원과 여름.

여름 언니. 난, (뭔가 말할 듯 해원을 바라보는데)

S #62 (N - 새벽 2시쯤 / 라디오 생방송 스튜디오 접견실)

제훈 (세진에게) 오늘 저희 팀. 회식이 있긴 한데.

방송 끝나고 나오고 있는 제훈, 세진, DJ.
그들 뒤에 다정과 여름이 따라가고 있는데
여름, 세상 무심한 표정이다.

세진 (비즈니스용 웃음) 아, 그래요? 근데 제가 오늘은 일이 있어서요.
제훈 (비즈니스용 웃음) 아. 그럼 나중에 마시죠. 뭐.

세진, 슬쩍 웃으며 "네. 그래요." 대답하곤
제훈과 DJ에게만 꾸벅 인사한 뒤
매니저와 함께 접견실을 쌩- 빠져나간다.

다정 (세진이 나가자 부- 입이 나와서) 치. 지난번엔 자기가 먼저 마시자고 해놓구.
DJ 그냥 우리끼리 마시지. 뭐. (걸어가며. 제훈에게) 형. 이번 개편은 언제야?
제훈 글쎄. 다음 달 정도?
DJ 분위긴 어때?
제훈 라디오가 다 똑같지, 뭐.

모두 접견실을 빠져나와 방송국 로비 쪽으로 간다.
건조한 얼굴로 한두 걸음 뒤에서 그들을 따라가던 여름.
휴대폰 메시지 오는 소리에 문자를 확인하곤

뚝.

멈춰 서버리는.

DJ 나 날린다고 하면 형이 먼저 말해줘야 된다?

제훈 걱정 마. 그럴 일 없어. (가다가 뒤가 좀 허전해 훅 뒤돌아보니)

여름이 오지 않고 뚝 멈춰
휴대폰을 뚫어져라 보고 있다.

DJ (제훈 뒤돌자 같이 돌아보고) 누나!

여름 (DJ가 부르자 '응?' 쳐다보는)

DJ 안 와?

여름 어? 아니. (당황) 어...

제훈/DJ ('뭐야. 왜 저래?' 의아하게 쳐다보는데)

여름에게 한 번 더 휴대폰 메시지 오는 소리가 들린다.
두 번째 문자를 확인하곤 더 당황한 얼굴이 되는 여름.

[여름이 끝나가고 있었다]

DJ 무슨 일 있어? 왜 그래?

여름 어? 아... (당황 '뭐라고 하지?' 휴대폰과 저쪽 번갈아 보다가) 갑자기 일이 생겨서... 집에.

[내 계절이]

DJ 그럼 어서 가. 내일 봐!

여름 (새빨개져서 고개 끄덕이는)

DJ와 제훈, 돌아서 방송국 건물 정문 쪽으로 나가는데.
제훈은 가다가 슬쩍 여름 쪽을 돌아본다.
뭔가 눈치챈 듯한 얼굴로.

남겨진 여름.
다시 한 번 휴대폰을 보는데
더 새빨개지는 얼굴.

[손 틈 새로 우수수 빠져나가던 그때]

스텝들이 모두 로비에서 빠져나가자

세진 O.S 차 있어요?

여름 (휴대폰만 보다가 휙 돌아보자)

세진 난 차가 없거든요.

여름 (새빨개진 채 대답 못하고 세진 보는)

세진 (다른 쪽 출입구 쪽으로 먼저 걸어가면서) 뭐. 둘 다 없으면 그냥 걷고.

여름, 그 자리에 서서 이 상황을 못 믿겠다는 듯
세진의 뒷모습만 보고 있다.

세진 (가다가 돌아서서) 안 와요?

머뭇머뭇하는 여름.

그때 웃음기 없던 세진이 여름을 향해 씩 웃는다.

그제야 한 걸음.
조심스레 한 걸음을 떼어보는 여름.

성큼성큼 먼저 걷는 세진을
조심스레 쫓아가는
여름의 뒷모습에서.

- 제1회 끝 -

2 ; 풍랑특보

바람이 불고,
당신이 온다.

S #1 (암전에 자막)

휴대폰 메시지 문자 오는 소리 들린다.

[거기서 빠져나와요 아무 말이나 하고]

한 번 더 메시지 오는 소리 들리고

[집에 일이 있다고 하면 되지 않나?]

1회 S #62 (N - 새벽 2시쯤 / 방송국 로비) 연결

로비에 선 여름.
다시 한 번 휴대폰을 본다.
더 새빨개지는 얼굴인데.

S #2 (D - 아침 / 여름의 방)

비가 쏟아지는 아침.
다르르륵 창문을 빠끔 여는 여름.
맑은 얼굴이다.
창문 틈으로 삐져나온 초록 나뭇잎을
행복한 듯 바라보는데

비는 더 거세게 오고

천둥이 치기 시작한다.

라디오 뉴스 날씨 E / 제12호 태풍 '시황'이 현재 경로에서 방향을 틀어 우리나라에 직접 영향을 줄 것으로 예상되고 있습니다.

S #3 (N - 저녁 어스름 / 지하철역 입구)

퇴근길. 지하철역에서 나온 현진.
갑자기 비가 후드득 쏟아지자
급히 뛰어 근처 편의점 지붕 밑으로 가는.

가서 잠시 비를 보다
'에이 그냥 뛰어가야겠다.' 하려는 찰나.
마침 현진 앞을 지나는
우산 속 다정하게 웃고 있는 교복 입은 남학생과 여학생.

S #4 (N - 저녁 6시 즈음 / 여름의 아파트 단지 놀이터)
; 과거 * 여름 18세 / 현진 19세 (1998년 여름)

비에 쫄딱 젖은 현진.

현진 (원망스러운 얼굴로. 화난) 왜... 거짓말을 한 거야?

비 맞고 있는 현진 앞에 서 있는
우산을 쓴 고등학생 여름.

뭐라고는 하는데, 뭐라는지는 모르겠다.

S #5 (N - 저녁 어스름 / 지하철역 근처 편의점 앞)

마음이 바뀐 현진.
머리에 묻은 비를 털어내며 편의점 안으로 들어가
입구에 있는 비닐우산 집어 계산한다.

라디오 뉴스 날씨 이어지는 E / 태풍은 이번 주 일요일께 제주도 해상을 지나 다음 주 월요일 새벽에 부산 부근 해상까지

S #6 (N - 저녁 6시 즈음 / 지운의 대기업 사옥 : 탕비실)

라디오 뉴스 날씨 이어지는 E / 진출할 것으로 예상되는데요.

혜리, 탕비실에 있는 라디오 볼륨 줄이며.

혜리 (믹스커피 타면서. 지운을 괜히 떠보려고) 난 그래도 이해가 안 가. 2년이나 사겼다면서 어떻게 좋은 기억이 하나도 없을 수 있어? 곰곰이 생각해봐. (은근 떠보는) 하나 정돈 있을 수 있잖아?

지운 (옆에서 믹스커피 같이 타면서 생각해보는) 글쎄. (진심) 진짜 없는데.

혜리 (한 번 더 떠보는) 에이. 그래도 한여름이 정말 너한테 똥만 줬겠냐?

지운 (얄미울 정도로 확신) 어. 걘 진짜 나한테 똥만 줬어.

혜리　　('말도 안 돼.' 안 믿는 듯. 그래도 괜히 좋다) 어우야. 그래도오.
지운　　(생각난) 아. 하나 있다.
혜리　　(조바심 내는 얼굴이지만 애써 숨기며) 뭔데?

S #7　　(D - 한낮 / 여름·지운의 대학 캠퍼스)
; 과거 * 여름 23세 / 지운 21세 (2003년 여름)

얼굴 중앙에 페인트 묻어 있는 여름.

여름　　(최선을 다해 소리친다) 야아아!!!!!
지운　　(최선을 다해 소리친다) 왜에에!!!!!
여름　　(최선을 다해 소리친다) 뭐어어!!!!!

S #8　　(N - 저녁 6시 즈음 / 지운의 대기업 사옥 : 탕비실)

지운　　성대결절.
혜리　　(커피 마시다 뿜을 뻔) 뭐?
지운　　나 걔랑 사귀고 나서 성대결절 왔잖아. 소리를 하도 쳐가지고.
혜리　　(이것도 괜히 좋다) 아, 뭐야아. 그게.
지운　　(괜히 헛기침) 아. 그만하자. 생각하기도 싫어. (헛기침하고) 아우씨. 갑자기 왜 목이 아픈 것 같지? (헛기침 계속하는데) 아아.

한여름이 싫다고 하니
괜히 좋아 히죽거리는 혜리.

라디오 뉴스 날씨 볼륨 점점 높아지며 E / 태풍 '시황'의 영향으로 일요일까지 충청과 남부에는 다시 비가 내리겠고

S #9 (N - 저녁 6시 즈음 / 해준의 오피스텔 : 작업방)

라디오 뉴스 날씨 E / 서울 등 중북부에는 막바지 장맛비가 내린 뒤 올여름 장마가 끝날 전망입니다.

타닥타닥 키보드 빠르게 치다가
방해가 되는지 옆에 있는 라디오 꺼버리는 해준.
참고자료 찾으려고 벌떡 일어나
책상 뒤에 있는 책꽂이에서 책 하나 꺼내 바로 펼친다.

탁탁 책장 넘기는데
갑자기 뭔가를 발견한 듯 멈추는 해준.
잠시 보는데.

작업방 창 뒤로 비가 쏟아지고 있다.

S #10 (N - 저녁 6시 즈음 / 지상파 라디오국 사무실)

여름 O.S 비 오는 날엔 베이스가 묵직한 게 듣기 좋대요.

창밖으로 비 쏟아지는 사무실.
선곡하던 제훈, 한글 프로그램 선곡표 켜놓고

첫 번째 곡 고민 중인데.

S #11　(N - 밤 11시 50분쯤 / 라디오 생방송 스튜디오)
; 과거 * 10개월 전 (2016년 10월)

여름　(컴퓨터 앞에 앉아 방송 준비하면서) 왜, 빌 위더스 노래 같은 거 있잖아요. (생각하는) ... 제목이 뭐였드라?

S #12　(N - 저녁 6시 즈음 / 지상파 라디오국 사무실)

제훈, 묵묵히 첫 번째 곡 빈칸에
Bill Withers의 Just The Two Of Us를 적는다.

〈플래시 컷〉 - 1회 S #62

제훈, 가다가 여름 쪽을 슬쩍 돌아보는데
뭔가 눈치챈 듯한.
어쩔 줄 모르고 새빨개진 얼굴의 여름이 있다.

그 표정이 떠오르자 기분이 싹 나빠진 제훈.
쓴 노래 지우려는 태세로 키보드에 손을 올려놓는.

S #13　(N - 저녁 6시 넘어 / 지상파 라디오국 사무실 내 작가실)

키보드 소리 낭자한 작가실에

노트북과 가방, 우산을 바리바리 든
게다가 거의 반쯤 젖은 여름이 들어와
해원의 옆자리에 가방을 툭 올려놓으며

여름 **(방해 안 되게 작은 목소리로 해원에게 인사) 언니. 안녕. (노트북 꺼내 정리하며 뭐가 좋은지 옅게 콧노래를 부르자)**

일하던 후배 작가와 동기 작가, 해원까지
힐끗 여름을 쳐다보는데.

우르르 쾅쾅.
사무실 창밖에선 다시 한 번 천둥이 친다.

S #14 (N - 밤 10시 넘어 / 지상파 라디오국 사무실 내 작가실)

비가 멈추고 어느새 시커메진 사무실 창밖.
그리고 그 시커메진 창밖만큼 새까만 여름의 휴대폰 창.

여름은 어느새 다른 표정이다.
손은 키보드 위에 놓여 있지만 어두운 얼굴로
휴대폰 창만 보고 있는데.

해원 **(믹스커피 마시며 들어와 여름 곁에 걸터앉으며) 조울증이야?**
여름 **(못 들었다. 정신 나간 채 휴대폰 창만 보고 있는데)**
해원 **(툭 건드리는) 야!**
여름 **(정신 나가서. 그제야 돌아보는) 어?**

해원 조울증이냐고. 아깐 콧노래까지 부르더니. 뭐야. 지금은.

여름 (정신 나가 대답하는) 아. 어. (또 뭔 소린지 몰라) 어?

해원 (얘 왜 이래) 뭐?

여름 아... (시계 보더니 완전 딴소리) 어머. 나 녹음하러 가야 되는데. (갑자기 벌떡 일어나 정신없이 옆에 있는 원고를 급하게 챙겨 나가며) 이따 봐. 언니.

해원 ('저거 왜 저래?' 헛웃음 치는데)

갑자기 후다닥 들어온 여름,
책상 위에 두고 간 휴대폰을 급히 채간다.

해원, '뭐야?' 보다가 일하려고 자기 자리에 앉는데
다시 두두두두 뛰어온 여름.
들고 갔던 휴대폰을 던지듯이 책상에 두고 나간다.

해원 (진짜 어이없어서 육성으로) 왜 저래? (하는데)

또다시 도도도도 뛰어온 여름.
휴대폰을 다시 들고 나간다.

해원 (기막혀서) 뭐야.

S #15 (N - 새벽 2시 반 넘어 / 여름의 거실)

탁! 휴대폰을 거실 소파에 던져버리는 여름.
지난밤이 떠오르는데.

세진 O.S 여기 회사 근처 아니에요?

S #16 (N - 새벽 2시 반 정도 / 국회의사당 뒷길)

녹음이 풍성하게 우거진 국회 뒷길.
먼저 걷던 세진이 잠시 돌아보고.

세진 근데 처음 와봤다고.

여름 (머뭇머뭇 따라가며. 긍정의 의미로 고개 한 번 끄덕)

세진, 슬쩍 웃고 먼저 걷는데.
어디선가 매미 소리가 번져든다.

S #17 (N - 새벽 2시 반 넘어 / 여름의 거실)

맴맴 매미 소리가 베란다 밖에서 들려오는 새벽.

그리고 씩씩 화난 듯 소파 위 아무렇게나 박혀 있는,
여전히 시꺼먼 휴대폰을 바라보는 여름.

S #18 (N - 새벽 2시 반 정도 / 국회의사당 뒷길)

어디선가 불어오는 바람에

우거진 초록색 잎사귀들이 차르르 차르르 춤을 춘다.
그리고
저 앞을 걷는 세진의 뒷모습.

S #19 (N - 새벽 2시 반 넘어 / 여름의 거실)

진짜 짜증 난다는 듯 '쾅!'
방문을 세게 닫고 들어가버리는 여름.

거실엔
소파 위 휴대폰만
덩그렇다.

S #20 (N - 새벽 4시 즈음 / 여름의 거실)

암전.

매미 소리와 함께 바람 소리도 들린다.
비가 후드득 오는가 싶더니. 곧 멈춘다.
그리고 휴대폰 메시지 오는 소리.

[자나?]

2초 정도 후
방문이 열리고 와다다 뛰어나오는 발소리.

화면이 점점 밝아지면
휴대폰으로 문자를 확인하는 여름의 얼굴이다.
화면처럼 점점 밝아지고 있다.

S #21 (D - 아침 7시쯤 / N서울타워 계단 숲길)

여름 (웃음기는 어디 가고 다소 어이없는) 이 아침에.

숲으로 이루어진 N서울타워로 오르는 계단길.
여름보다 몇 걸음 앞에 선 세진이
주머니에 손을 넣은 채 여름을 쳐다보고 있는.

여름 (약간 세진을 원망하듯 보며) 여기를 오를 거라고는. (자기 옷차림을 훑는데)

높은 하이힐에 스커트를 입고 있는 여름.
다시 세진을 약간 원망하듯 보는데
세진, 무심한 듯 툭툭 내려와
뒷주머니에서 뭔가를 꺼내 여름 앞에 놓아주는.

발레용 실내화다.

여름 ('이게 뭐야?' 보자)
세진 차에 있어서.
여름 이런 게요?

세진 그런 게요.
여름 (약간 망설이자)
세진 (여름의 하이힐 보며) 거보단 나을 텐데?

가만히 신발을 옮겨 신는 여름.
다 신고 자신의 하이힐을 주워 들려고 하자
세진이 여름의 신발을 휙 뺏어 들고 먼저 걸어간다.

세진 (가면서. 돌아보지 않고) 여기도 처음 온 거예요?
여름 네. (저도 모르게) 이런 아침엔요.
세진 (뒤돌아보고) 저녁에는 많이 와봤고.
여름 ('아차.' 뜨끔한 채 보자)
세진 (그제야 픽 웃는데)

여름, 약간 설레는 얼굴로 세진을 바라보는데.

S #22 (D - 아침 / 방송국 앞 프랜차이즈 커피집)

점원 따뜻한 아메리카노 한 잔 맞으십니까?
여름 네. 따뜻한 아메리카노에 샷 하나 추가할게요.
점원 네에. (살짝 웃고 주문 바꿔준다)

S #23 (D - 오후 4시 넘어 / 방송국 로비)

노트북과 큰 가방을 들고 커피는 입에 문 채

로비를 미친 듯 뛰어가는 여름.
화장실로 쏙 들어가는데.

S #24 (D - 오후 4시 넘어 / 방송국 로비 옆 화장실)

아무 칸에 들어가
가방을 정신없이 뒤져 파우더를 꺼내 얼굴에 막 바르는 여름.
바르면서 칸에서 나와 거울 훅 보고
서둘러 화장실을 나선다.

S #25 (D - 오후 4시 넘어 / 방송국 로비)

마침 매니저, 멤버들과 함께 그 앞을 지나는 세진.
여름, 마치 우연히 마주친 듯한 얼굴로

여름 (세진과 눈이 마주치자) 아. 저는... (역시 엘리베이터 타야 해서 세진 옆 종종 걷게 되는데)

세진, 여름이 오자
멤버와 매니저 곁에서 두어 걸음 일부러 뒤처져 걷는.
그리곤 여름을 슬쩍 보더니 약간 웃는다.

여름 ('왜 웃지?' 쳐다보자)

세진, 슬쩍 주변 눈치 보곤

여름의 턱 부분을 손가락으로 쓱 문질러주는.
곧 멤버와 매니저가 있는 쪽으로 앞서 걸어가버리는데.

'뭐지?' 싶어서
서서히 멈춰 선 여름.

가방에서 아까 넣은 콤팩트 꺼내 얼굴을 보니
파우더를 아무렇게나 바르는 바람에
목 한쪽 부분과 얼굴의 경계가 뚜렷하다.
뜨악한 여름, 창피함에 고개를 푸욱 숙여버리는데.

S #26 (D - 오후 / 방송국 앞 프랜차이즈 커피집)

점원 **아메리카노에 샷 하나 추가. 맞으십니까?**
여름 **(점점 조증이 돼가는) 아뇨! 더블샷이요. 아니 아니. 쓰리샷이요. 괜찮죠?**
점원 **(조금 억지로 웃으며) 예. 그럼요. (주문키 입력하는)**

옆에서 아이스 아메리카노에 빨대 꽂아 먹던 해원.
'커피가 무슨 각성제야?' 하듯 여름을 쳐다보는.

S #27 (N - 밤 12시쯤 / 방송국 근처 길)

무표정하고 지친 얼굴로 퇴근하고 있는 여름.
큰 가방과 노트북을 들고 투덕투덕 걷고 있는데

여름 뒤로 천천히 오는 검은색 밴 하나가 있다.

서서히 멈추더니
툭.
세진이 내린다.

야구모자 고쳐 쓰면서 여름에게 성큼성큼 다가가는 세진.
자연스럽게 여름 옆을 걷는다.

지친 얼굴의 여름, 세진을 보고는 발갛게 환해지는데.

S #28 (D - 늦은 오후 / 방송국 앞 프랜차이즈 커피집)

점원 (내가 잘못 들었나 싶어) 네?

여름 (조증) 그러니까 그냥 에스프레소 네 개를요, 컵 하나에 다 때려 넣어주시면 된다고요.

점원 ('이해 안 가.' 억지로 웃으며. 중얼거리듯) 아. 네. 에스프레소 네 개. (가만히 주문 입력하는데)

여름 (옆에 있는 해원에게. 약간 흥분 상태) 다섯 개 넣을까, 언니?

해원, 옆에서 아이스 아메리카노 쭉쭉 빨아먹으며
절레절레 고개를 흔든다.

S #29 (D - 늦은 오후 / 방송국 앞 프랜차이즈 커피집 : 야외)

해원　그래서.

커피집 야외 테라스에 앉아 약간 빨개진 눈 부릅뜨고
에스프레소 잔 네 개를
아메리카노 컵에 직접 들이붓고 있는 여름.

해원　(아이스 아메리카노 빨대로 마시며) 키스는 했고?
여름　(컵에 에스프레소 넣는 데 집중)
해원　야. 일주일이야. 키스는 해야지. 손은 잡았을 거 아냐.
여름　(에스프레소 넣는 데 집중하며) 안 잡았는데?
해원　(완전 놀라는) 그럼 너 여태까지 뭐 했니?
여름　(다 넣음. 홀짝 마시며) 그냥. 산책하고. 걷고.
해원　산책할 때 손 안 잡았어?
여름　안 잡던데?
해원　그럼 혹시 다 건너뛰고 잤니?
여름　(짜증) 뭐래. (홀짝)
해원　야. 그건 내가 할 소리다. 나이 다 찬 성인남녀 둘이 만나가지고. 뭐하는 짓거리야? 지금 그건 썸도 아니야. 아, 이걸 뭐라고 설명해야 돼?
여름　으음... (지 혼자 두근두근한 얼굴로) 설레임?
해원　('웬 개소리냐.' 하듯 보는데)

S #30　(N / 여름의 집 앞)

여름　(집 손가락질하며) 여기. (팔 어색하게 저으며) 어. 여기. 다 왔어요.

가만히 여름의 집을 바라보는 세진.

여름 (어떡하지? 이대로 그냥 들어가면 되는 건가?) 아. 그럼. (어쩔 줄 몰라 하다 꾸벅) 안녕히 계세요.

후다닥 들어가버리는 여름.
쾅! 대문이 닫힌다.

세진, 픽 웃는데.

S #31 (D - 늦은 오후 / 방송국 앞 프랜차이즈 커피집 : 야외)

여름 (커피 호록 마시곤) 설레. 엄청.
해원 야. 내 조카들 보니깐 요즘엔 초딩들도 하루 만에 손잡고 다 뽀뽀하드라. 초딩들도 그 마당인데 서른일곱 처먹고. 심장만 두근대? 야. 그건 그냥 심장병이야. 설레는 게 아니고. 병원 가봐.
여름 (전혀 안 들린다. 기분만 좋은. 루루루 커피 마시는데)
해원 술이라도 좀 마시자고 하던지. 역사라도 생기게.
여름 (저질 취급) 어우, 진짜. 언닌 진짜. 어우.

S #32 (N / 여름의 집 앞)

세진, 이제 가려는데
닫힌 문이 갑자기 팡! 열리며

여름 저기요.

세진 (보자)

여름 술... 술... 좋아하세요?

세진 (단호박) 아뇨.

여름 (민망) 아. 그렇구나. 어. 그럼 안녕히 가세요. (쾅! 닫히는 문)

세진, 좀 더 웃는데.
대문 안쪽엔 민망함에 얼굴이 빨개진 여름이 있다.

S #33 (D - 늦은 오후 / 방송국 앞 프랜차이즈 커피집 : 야외)

여름 (정색) 술 싫어한대. 안 마신대.

해원 틀렸어. 완전히 틀렸어. 너는 걔 팔꿈치도 못 만져볼 거다. 이제.

여름 팔꿈치? (생각해보니. 의기양양) 나 그건 만져본 것 같은데?

해원, '어떻게?' 하는 표정으로 보자

S #34 (N / 실내 실탄 사격장)

실탄 사격장으로 들어서는 세진.
'여긴 뭐지?' 하듯 두리번거리며 따라 들어가는 여름인데

사격장 주인, 세진이 단골인 듯 인사해주고
흘끗 여름을 보자

세진 제가 알아서 할게요.

사격장 주인, 총을 챙겨서 사격실로 안내해준다.

여름 자주 오는 데에요?

세진 (앞서 가면서) 네.

탕! 탕! 소리 들리자 흠칫흠칫하는 여름.

S #35 (D - 늦은 오후 / 방송국 앞 프랜차이즈 커피집 : 야외)

해원 사격?

여름 (커피 마시며 고개 끄덕이자) 응.

해원 거기서 어떻게 팔꿈치를 만져?

S #36 (N / 실내 실탄 사격장)

사격 장비 갖춘 세진과 여름.
여름, 어떻게 쏠지 몰라 약간 헤맨다.
그러자 세진이 뒤에서 안는 듯하며
총 쏘는 법을 여름에게 알려주는.

세진의 팔꿈치가 여름의 볼에 살짝 닿는다.
저도 모르게 두근거리는 여름인데.

S #37 (D - 늦은 오후 / 방송국 앞 프랜차이즈 커피집 : 야외)

해원 ('별것도 아니었구먼.' 김빠져서) 아. 예.

여름 (지도 우스운) 언니가 나를 왜 비웃는지는 알겠는데.

해원 (피-)

여름 나는 그래도 이게 어디냐 싶어.

해원 (비죽이는 얼굴)

여름 그찮아. 이 나이에. 이 얼굴에. 이런 모습인데.

해원 ('또 자존감 떨어져가지고는.' 하듯 있자)

여름 (하늘 보며) 날씨 정말 좋다. 그치.

해원 (괜히 시니컬) 뭔들 안 좋겠냐. 니가.

여름, 헤- 웃는데.
오랜만에 싱그러운 느낌이다.

해원 아, 웃지 말고. 키스나 해.

여름 아, 그만하라니깐?

해원 뭘 그만해. 키스나 하라니깐.

여름 아이. 진짜!

웃으며 투닥이는 둘.

S #38 (N / 지상파 라디오국 사무실 내 작가실)

우르르 쾅쾅. 창밖엔 천둥 번개 치는데

일하다 말고 휴대폰 보고 있는 여름.
다소 우울해 보이는.

조용한 여름의 휴대폰 창.

해원 (믹스커피 들고 들어와) 한 일주일 조증이더니. (자리에 앉으며) 오래간다 했다.

여름 (못 듣고. 멍- 한데)

해원 (일하려다가 신경 쓰여서) 왜. 또. 어?

여름 (못 알아듣고) 어?

해원 왜 또 죽상이냐고.

여름 아... ('이제 정신 차려야지.' 휴대폰 뒤집어버리고 컴퓨터 앞에서 일하려고 자세 잡으며) 아니야.

해원 ('다른 사람 없나.' 눈치 슬쩍 보고. 약간 작게) 무슨 일 있었어?

여름 (타닥타닥 키보드 치다가. 뚝 멈추고 해원 보며) 연락이 없어.

해원 얼마나.

여름 이틀.

해원 ('별것도 아니네.' 쿨하게) 그럼 니가 먼저 해봐.

여름 (자존심. 해원 보고) 그건 좀...

해원 아직 덜 고프네. 얘가. ('그럼 나도 몰라.' 자리에 앉으며) 아, 그럼 기다리시든지. 아쉬운 놈이 먼저 연락하는 거지 뭐. (일하기 시작하는데)

여름, 약간 멍하니
컴퓨터 화면 바라보는데.

S #39 (N / 지상파 라디오국 사무실)

제훈 아직도 연락이 안 왔다고?

자리에 앉아 있는 제훈에게
다정이 말하러 왔다.

다정 네. 아직까지 선곡 리스트 안 보내줬어요. 유세진.
제훈 ('아이씨. 내가 해야 되나.' 휴대폰을 드는데)
여름 (갑자기 나타나 채가는) 저기요! 내가 연락해볼게!
제훈 ('네가?' 의아하게 쳐다보자)
여름 (약간 들떠서. 제훈에게) 몇 시까지 받아놓으면 돼요, PD님?
제훈 (미심쩍게 보면서) 뭐, 빠르면... 빠를수록 좋긴 한데.
여름 (활짝 웃으며) 네!

휴대폰을 들고 쌩- 나가는 여름.
얼굴에 연락할 거리가 생겼다는 기대감이 있는데.
그런 여름을 흘끗 보는 제훈.

S #40 (N / 지상파 라디오국 사무실 비상계단)

팡! 비상구 문을 열고 비상계단으로 들어와
한쪽 구석에 풀썩 쭈그리고 앉아
빠르게 문자를 보내기 시작하는 여름.

[오늘 코너 선곡 리스트가 아직 안 와서요]

바로 뒤에

[근데]

잠시 생각하다 쓰는.

[무슨 일 있는 건 아니죠?]

보내려다 '아니다.' 싶어 고개 절레절레 흔들며
[근데]부터는 싹 지운다.
어느새 어두운 얼굴은 저리 가고
다시 설레는 감정이 비치는데.

S #41　(N / 지상파 라디오국 사무실 내 작가실)

창밖엔 여전히 천둥 번개가 치고 있다.

그리고 완전히 썩은 얼굴로
한쪽 팔에 얼굴 기댄 채 휴대폰을 보고 있는 여름.
마침 원고 들고 작가실로 들어오던 해원,

해원　(여름의 얼굴에 저도 모르게) 어머.

여름, 반응도 안 하고 휴대폰만 본다.
세진은 읽기만 했을 뿐 답장이 없다.

짜증이 나려는데.

다정 (사무실로 조로로 들어오며) 유세진 선곡 리스트 왔어용! PD님.

여름 ('뭐? 나한테 연락을 안 하고 재한테 한 거야?' 한 손에 휴대폰 든 채 짜증 난 얼굴로 다정을 돌아보자)

다정 (제훈에게 자기 휴대폰 보여주며 구구절절) 매니저가 방금 보내줬어요. (뭐가 좋은지 히죽히죽이다)

여름, 못 참겠다.
짜증이 콱 난 표정으로 휴대폰 핑! 던져버리는데.

S #42 (N - 새벽 1시 / 라디오 생방송 스튜디오)

띵! 1시를 알리는 라디오 음이 나오고 광고가 나오자
세진이 들어와 제훈에게 꾸벅 인사한다.

꼭 무슨 일이 있는 사람처럼
모자 깊게 눌러쓰고 마스크까지 하고 온 세진.
여름과 눈도 마주치지 않고
바로 내부 스튜디오로 들어가버리는데.

그걸 보는 여름, 자기가 삐친 것도 잊고
'왜 저러지.' 싶다.

그사이 쪼르르 세진을 따라 원고를 들고 들어가는 다정.

여름　(작가 근처 의자에 앉는 매니저에게 조심스레) 저기. 희준 씨.

매니저　예. 작가님.

여름　세진 씨 무슨 일 있어요?

매니저　(이해 못하고) 네?

여름　아니. 기분이 별로 안 좋아 보여서.

매니저　(맑고 순수) 아무 일도 없는데?

여름　(그게 더 짜증 난다)

매니저　기분 좋은데, 걔? 어제부터 쭈욱 좋았는데?

여름　(대충 웃고) 아. 네. 그랬구나. (표정 싹 바뀌며 컴퓨터 보는데)

다정　(내부 스튜디오에서 촐랑거리며 나오며) 매니저님. 이따 회식 오시는 거 맞죠? 세진 오빠가 오늘은 온다던데요? (자기 컴퓨터 앞으로 가 앉는)

매니저　예. 이따 갈 거예요. 작가님.

여름, 슬쩍
내부 스튜디오에서 DJ와 이야기하며 웃는 세진을 본다.
아무렇지도 않아 보인다.
삐친 듯 키보드를 툭툭 치는데.

S #43　(N - 새벽 2시 반 지나 / 홍대 술집)

다정　그럼 오빠는 여자친구가 있으세요? 사귀는 사람이요.

세진까지 함께 하는 라디오 팀 회식자리.
다정이 당돌하게 세진에게 질문을 하자 세진이 다정을 쳐다본다.
날카롭다.

DJ (눈치 빨라서 무마해주려고) 아. 뭐야. 취했어? 오늘 좀 오바하는데, 정다정?

다정 (세진이 째려본 줄도 모르고 신난) 아니이. 그냥. 궁금해서요. 되게 핫하잖아요. 세진 오빠.

제훈, 옆에서 말없이 술잔 들며 여름을 흘끗 보는데
여름은 언제나 그렇듯
약간 동떨어져 앉아 맥주를 홀짝이고 있다.
애써 아무것도 신경 쓰지 않는다는 얼굴로.

제훈 (세진에게 술 주며) 술은 잘 못하시나 봐요. 좋아는 하세요?

세진 (잔 받으며) 좋아는... 하는데. 저 이거 한 잔 마시면 취하겠는데요?

DJ 아. 그럼 취한 걸 봐야지. 안 그래요? (웃으며 세진에게 빨리 마시라는 시늉하는)

웃으며 벌컥 술잔을 들이켜는 세진.
여름, 세진이 술잔을 들이켜자
무표정한 얼굴로 홱 그쪽을 쳐다본다.

S #44 (N - 새벽 3시 반 지나 / 홍대 술집 앞 벤치)

술집 앞 벤치에
모자를 푹 눌러쓴 채
눈을 감고 앉아 있는 세진.

그런 세진을
여름이 비스듬한 시선으로 쳐다보고 있다.
삐친 듯한 얼굴로.

뭔가 물어볼까 말까 망설이다
'아니. 지금은 아니야.' 생각하고 들어가려는데.

세진 (눈 감은 채) 어디 가요.
여름 (막상 말 걸면 당황) 아… 이제 집에 가야 되잖아요.

눈을 뜨고 여름을 뚫어져라 보는 세진.
지난번과는 다른 눈빛이다.
마치 여름이 잘못했다고 타박하는 것만 같다.
여름, 그 눈빛에 빨려 들어갈 것 같은데.

여름 (눈빛이 무서워 다른 데로 획 돌리며) 뭐. 매니저 불러드려요?
세진 (고개 절레)
여름 그럼…

세진이 '그냥 네가 날 좀 잡아줘.' 하듯
손을 내미려는 찰나.

다정 어떡행. 어떡행. (가게 나오며 호들갑) 누가 데려다줘야 되는 거 아니에요? 어떡해요?
DJ (뒤따라 나오며. 세진 보고) 어? 뭐야. 괜찮네. (세진에게) 다 깬 거야?

세진 (벌떡 일어나며) 예. 괜찮아요. (몹시 멀쩡해 보인다. 모자 고쳐 쓰며) 먼저 들어가세요. 전 매니저 형 부르면 되니깐.

DJ 아, 그럴까? (제훈에게) 형. 형은 차 있어? 대리 불러줘?

세진, 매니저에게 전화를 걸면서 슬쩍 여름을 쳐다본다.
하지만 여름은 세진의 시선을 피하듯 다른 쪽을 보고 있는데.

S #45 (N - 새벽 4시 지나 / 여름의 집 앞 좁은 골목길)

골목길 힘없이 걷는 여름.
가다가 툭. 멈춰 선다.

〈플래시 컷〉 - 2회 S #32

세진, 이제 가려는데
닫힌 문이 갑자기 팡 열리며

여름 술... 술... 좋아하세요?

세진 (단호박) 아뇨.

〈플래시 컷〉 - 2회 S #43

제훈 (세진에게 술 따라주며) 술은 잘 못하시나 봐요. 좋아는 하세요?

세진 (잔 받으며) 좋아는... 하는데.

웃으며 벌컥 술잔을 들이켜는 세진.

생각하려는 듯 멈춰 서 있는데.

세진 O.S　늘,

S #46　(N - 새벽 2시 반 정도 / 국회의사당 뒷길)
; 2회 S #16 연결

세진　이 시간에 퇴근을 한다는 거죠.

녹음이 풍성하게 우거진 국회 뒷길.
나란히 걷고 있는 세진과 여름.

여름　네.
세진　그럼 무섭지 않나. 누가 데려다줘야 되는 거 아닌가.
여름　('그러면 좋지만...' 쳐다보는데)

세진, 슬쩍 웃고 먼저 걷는데.

S #47　(N - 새벽 3시 반 지나 / 홍대 술집 앞)

쾅! 닫히는 밴의 문.
세진이 닫고 들어가버렸다.

매니저　(운전석에 앉아 조수석 창문 열고 내다보며. 여름에게) 근데 작가님은 혼자 가셔도 정말 괜찮은 거예요?

여름　(어거지로 웃으며) 네. 그럼요. (애써) 택시 타고 가면 금방이에요.

매니저　예. 그럼 저희 먼저 가보겠습니다. (다른 스텝들에게도 인사하는)

여름, 까맣게 썬팅된 차 창문을 무표정하게 바라본다.
저 안에 있는 유세진이 무슨 생각을 하는지 도무지 모르겠다.

씽- 차가 출발하는데.

S #48　(N - 새벽 4시 / 여름의 집 앞 좁은 골목길)

여름이 서 있는 곳에
비가 오려는지
후두두둑 바람이 불기 시작한다.

S #49　(D - 늦은 오후 / 커피숍에서 방송국으로 가는 길)

해원　근데 유세진. 걔는 좀. 난 알다가도 모르겠드라?

여름　('응? 그건 무슨 소리?' 하듯 보자)

해원　뭔가 좀 명확하지 않은 느낌이 있지 않니? 특히 눈빛. 비밀이 좀 많아 보여. 안 그래?

〈플래시 컷〉 - 2회 S #44

눈을 뜨고 여름을 뚫어져라 보는 세진.

S #50 (N - 새벽 4시 즈음 / 여름의 집 앞 좁은 골목길)

바람이 불어 나뭇잎이 흔들리는 사이.
휴대폰을 꺼내 보는 여름,
여전히 아무 연락 없이 조용한 휴대폰이다.

여름, 깜깜하긴 해도
잔뜩 찌푸려진 하늘을 가만히 올려다보는데.

[저기요]

S #51 (D - 낮 / 여름의 방)

다르륵 문자 쓰는 소리.

[그땐 왜 밤마다 전화했어요?]
[그땐 왜 자꾸 나오라고 했던 건가요]
[왜 지금은 연락을 안 하죠?]
[혹시 내가 뭘]

책상 앞에 앉아 문자를 썼다 지웠다 하는 여름.
결국엔 다 지워버리고
더 이상 생각하기 싫다는 듯
휴대폰을 옆에 휙 치우고 엎드려버리는.

여름의 방 작은 창밖의 날씨는 어느새 맑아졌고
어디선가 아이들 웃으며 지나는 소리도 들리는 것 같다.

라디오 뉴스 날씨 E / 한반도를 관통했던 제12호 태풍 '시황'이 마침내 소멸되었습니다.

S #52 (N / 방송국 구내식당)

해원 (밥 먹으며, 대수롭지 않게) 야. 먼저 연락을 해보라니깐 안 해놓고 지금 뭐하는 짓거리야.

구내식당에서 밥을 먹고 있는 해원과 여름.

여름 (묵묵히 밥만 먹는데)
해원 (먹다가 숟가락 탁 치며) 야, 혼자서 추측하고 망상하지 말구. 그냥 연락을 좀 해봐. 저기요. 거기 무슨 일 있으세요? 왜 연락을 안 하세요? 그러고 씹히면. (세상 쿨한) 그만이지, 뭐.
여름 (힘없이 먹으면서) 언니.
해원 (밥 먹으며 건성) 뭐.
여름 (쳐다보는. 다소 힘은 없다) 남자는 말야. 지구가 멸망을 해도. 좋아하는 사람한테는. 먼저 연락을 해.
해원 (보는데)

S #53 (N - 밤 / 여름의 아파트 단지 앞)
; 과거 * 여름 18세 / 현진 19세 (1998년 여름)

고등학생 여름, 학교가 끝나고
집으로 돌아가는 길인데
아파트 앞에 누군가 기다리고 있는 게 보인다.

여름 E / 안 받으면 찾아오기도 하고.

흘끔 보니 현진.
반가운 듯 좋은 듯 표정이 미세하게 바뀌는 여름인데.

여름 E / 감정이 확실해서

S #54 (D - 한낮 / 여름·지운의 대학 근처 밥집)
; 과거 * 여름 22세 / 지운 20세 (2002년 여름)

지운 누나. (저돌적인) 누나는 뭐 좋아해요? 영화 좋아해요? 어떤 영화 좋아해요? 네?
여름 (밥 먹다가 질문 폭탄에 멍- 하니 쳐다보는)
지운 (확확 점점 더 다가오면서) 액션? 코믹? 멜로? 로맨스? 공포? 어떤 거? 응? 같이 보러 가. 어?

여름 E / 나를 절대로 헷갈리게 하지 않아.

S #55 (N - 저녁 / N서울타워 계단 숲길)
; 과거 * 여름 31세 / 해준 31세 (2011년 여름)

여름과 해준 계단 숲길을 걷고 있다.
해준, 가다가 자연스럽게 여름의 손을 잡는다.
여름 기분 좋게 웃는데.

여름 E / 얼마나 명확한데.

S #56 (N / 방송국 구내식당)

여름 언니 말대로, 내가 개랑 뭘 했어? 한 게 없어. 가끔 연락한 게 전부야. 가끔 만나고 가끔 커피 마시고. 그게 정말 끝이었어. 어디 가서 말하면 다들 비웃을걸? 그건 정말 썸도 아냐. 언니.

S #57 (D - 오후 4시 30분 / 라디오 생방송 스튜디오 : 내부 스튜디오)

오후 프로 라디오 생방송 중.

여자 진행자 오늘은 미러 네 분 모시고 이야기 나누고 있어요. 세진 씨! 세진 씨한테 온 질문이 정말 많은데요. "오빠, 혹시 썸 타는 여자 있나요?"
세진 (단박에 웃으며) 없는데요.
여자 진행자 그럼 썸 비슷한 건요? 최근에. 없었나요?
세진 (웃으며) 네. 전혀 없었어요.
여자 진행자 아니, 저 얼굴에 연애도 안 하고, 그건 좀 낭비 아닌가요?

미러 멤버들과 세진, 함께 웃는데.

S #58　(D - 오후 4시 32분 / 여름의 차 안)

다들 웃는 소리를 듣고 있는 여름.
신호에 걸려 멈추는데.

여자 진행자 E /　잠시 광고 듣고 올게요.

라디오를 끈다.
애써 무심한 얼굴로 차 출발시키는 여름.

S #59　(N / 방송국 구내식당)

여름　(담담하게) 내가, 별것도 아닌 걸로 호들갑을 떨었어. 오랜만이라서 정신이 나갔었나 봐. 그리고, 이젠 다 끝났어. 언니.
해원　(아쉬워서) 야. 그래도...
여름　(웃으며) 뭐해. (숟가락 들며) 먹자.

해원과 여름, 두 사람.
많은 사람들 무리에 섞여 밥을 먹는 모습이다.

라디오 뉴스 날씨 E /　제12호 태풍 '시황'이 오늘 오전 0시 열대 저압부로 약화돼 완전히 소멸되었습니다.

S #60 (N - 저녁 6시 즈음 / 해준의 오피스텔 : 작업방)
; 2회 #9 연결

뭔가를 발견한 듯 멈춘 해준.

잠시 보다 책 속에 있던 사진 두어 장을 꺼내
생각할 것도 없이 박박 찢어 휴지통에 버린다.

그러곤 바로 책을 들고 와 컴퓨터 옆에 두고
책 참고하면서 하던 일을 마저 하는 해준.

창밖엔 여전히 비가 쏟아지고 있다.

S #61 (N - 저녁 7시 넘어 / 지상파 라디오국 사무실)
; 2회 S #12 연결

비 오는 창밖.
사무실에 편안히 앉아 카톡을 하고 있는 제훈.

[비도 오는데 뭐 먹으러나 갈까]

지영에게 문자를 보냈더니 바로 답장이 온다.
좋다는 이모티콘.
제훈도 슬쩍 웃으며 답장을 하곤

휴대폰 옆에 던진 채 흘끔 비 오는 창밖을 보는데.

여름 O.S (건조) PD님.

제훈 (돌아보자)

여름 (건조) 식사하러 가실 거예요?

제훈 아뇨. 먼저 드세요.

여름, 바로 뒤돌아서 가버린다.

여름이 가자 제훈, 기다렸다는 듯 선곡표 첫 곡 칸에 있던 Bill Withers의 Just The Two Of Us를 지워버리고 '첫 곡으로 뭐 없나.' CD장을 살피는데.

사무실 한쪽 라디오에서 흘러나오는 날씨 뉴스.

라디오 뉴스 날씨 E / 기상청은 오늘 밤 비를 마지막으로 전국이 태풍의 영향권을 벗어나 쾌청한 여름 날씨를 보이겠다고 전망했는데요.

〈몽타주〉

S #62 (D - 오후 5시 넘어 / 방송국 야외 주차장)
; 2회 #57 연결

언제 비가 왔었냐는 듯
청명하니 쨍하게 맑은 하늘이다.

오후 라디오 방송을 마치고
주차장 쪽으로 나오는 미러 멤버들과 세진.
멤버들은 웃고, 장난치며 나오는데
세진만 모자 꺼내 푹 눌러쓰고
무표정하게 걷고 있다.

마침 어떤 여자가 급하게 그들을 지나쳐 달려가는.
큰 가방에 노트북을 든 모습이 여름 같아서
휙 보게 되는 세진.

여름이 아니다.
무표정하게 보고는 다시 걷는데.

S #63 (D - 낮 / 여름의 부엌)

치이이익. 계란 프라이를 하는 여름.
무료하게 바라보다가 곧 프라이팬의 계란을
투박한 그릇에 담긴 밥으로 툭, 옮긴다.
그리고 싱크대에 그냥 그러고 선 채
밥을 쓱쓱 비벼서 '아' 한입 먹는데.

우물우물 씹으며 부엌 창밖을 본다.
햇살이 뜨겁게 내리쬐고 있다.

S #64 (D - 낮 / 여름의 부엌)

다 먹은 그릇을 싱크대에 던진 뒤
쏴- 수돗물을 틀고 빠르게 설거지를 하는 여름.
무표정. 버석버석한 느낌.

전보다 더 처진 어깨와 힘없는 뒷모습이다.

설거지를 하느라 흔들리는 어깨는
여전히 우는 모습만 같다.

S #65　(D - 오후 / 지상파 라디오국 사무실)

여름　(무표정하게 컴퓨터로 뭔가 적으며, 건조) 그럼 원래 코너로 다시 돌아가면 되는 거죠.

사무실 중앙 테이블에서 회의하고 있는 여름의 팀.

제훈　네.
여름　(컴퓨터로 뭔가 빠르게 적는데)
다정　어우. 뭐야. 겨우 두 번 나와놓고 스케줄 어쩌고 하면서 고정을 취소하냐. 진짜.
여름　(제훈에게) 초대석 섭외되면 말씀해주세요. 회의 끝났으면 전 가볼게요. (일어나는)
제훈　(어느새 일어나 자기 자리로 돌아가며) 네. 그러세요.

여름, 무심히 자리로 돌아가는데.

S #66 (D - 오후 / 대학 내 공연 건물 : 실내 무대)

공연 조연출 드라이 리허설 가겠습니다!!

조연출의 외침과 함께
'둥!' 무대 위 미러가 연주를 시작한다.

S #67 (D - 오후 / 지상파 라디오국 사무실 내 작가실)

정선 언니. 언니네 오늘 생방 없지. 녹음도 끝났구.

여름, 자리에 와 짐을 싸고 있는데
정선이 말 거는.

여름 (무뚝뚝) 어. 왜.
정선 그럼 나랑 어디 좀 가자. 응?
여름 (별 관심 없이) 어디. (짐 다 쌌다. 나가려는데)
정선 아, 그냥 좀 가. 어차피 언니 할 일도 없잖아.
여름 (그 말에 정선을 약간 날카롭게 보는데)
정선 내가 밥 사줄게. 어? (징징 조르는) 아, 언니이.

여름, 귀찮은.
갈까. 말까. 망설이는 얼굴인데.

S #68　(D - 오후 / 대학 내 공연 건물 앞부터 로비까지)

공연장에 펄럭이는 미러의 대형 포스터.
여름, 그 밑에서 서서 보다가 돌아서서.

여름　(약간 화났지만 참으며) 이걸 보러 오자고 한 거였어?
정선　(순수하고 해맑다. 공연장 로비 쪽으로 들어가면서) 응. 표도 내가 구했다? 딱 두 장. 여기 매니저랑 좀 친해졌거든. 괜찮지?
여름　(티 나게 한숨 쉬는데)
정선　왜에. 언니 혹시 그때 망신당한 것 때문에 아직도 얘네 싫은 거야? 얘네 음악은 디게 좋아. 공연도 괜찮구.
여름　(대답하기도 귀찮다)
정선　잠깐만 가서 보자. 응? 보다가 나가도 돼. 어?
여름　너 공연만 보는 거다. 뒤풀이 같은 건 너 혼자 가.
정선　(괜히 찔려서) 아, 내가 무슨 뒤풀이를 간다 그래. 나 그냥 여기 매니저만 안대니깐?
미러 멤버1 O.S　(정선 보고 아는 체) 어? 정선이 왔네?

소리에 획 돌아보는 여름과 정선.
대기실 복도 쪽에서 공연장 로비홀 보다가
정선을 발견한 미러 멤버1이 있다.

미러 멤버1　(정선에게 손짓하며) 뭐해, 들어와!!
정선　(거짓말한 걸 들켜서 얼굴 빨개져 여름의 눈치를 쓱 보는데)
여름　(얼씨구) 매니저만 알아?
정선　아니이. 어쩌다 보니까 멤버들이랑 친해져서...

여름 (다 예상했던 일이다) 들어가봐.

정선 알았어. 언니. 나 빨리 갔다 올게. 미안. (후다닥 대기실 쪽으로 가는)

여름, 공연장 안쪽으로 들어가려다가
대기실 쪽에서 매니저와 미러 멤버2,3 그리고
세진이 나오는 걸 보게 된다.

정선과 한데 어우러져 얘기하고 웃는 모습.
세진은 아무렇지도 않고 오히려 밝아 보이는데.

무료히 보다가
공연장 안으로 혼자 들어가는 여름.

S #69 (D - 오후 / 대학 내 공연 건물 : 실내 무대)

미러의 무대 막바지.
무대가 끝나자

세진 잠시 저희 공연 도와주러 오신 분들 모셨는데요. 잠깐만 있다가 저희도 다시 올게요. (미러 멤버들과 세션들 함께 우르르 무대 뒤로 들어가는데)

사람들 박수 치고, 정선도 좋아하며 박수 친다.
곧 공연 게스트들이 인사하며 나오자

여름 (일어서며) 나 이제 간다.
정선 왜에. 거의 다 끝났는데.
여름 그니깐. 다 보고 와. (정선의 대답도 안 듣고 일어서버리는)
정선 (작은 목소리로 붙잡아보는) 언니!

공연장 밖으로 나와버리는 여름.

해원 O.S 야.

S #70 (N / 방송국에서 커피숍 가는 길)

해원 너 원래 안 그랬잖아. 아냐? 궁금하고 거슬리면 그냥 물어보던 애였잖아. 오제훈한테도 대놓고 물어봤으면서. 왜 유세진한텐 못 물어봐? 그게 뭐 대수라고. 그냥 무슨 일 있냐. 괜찮냐. 연락했으면 그만이었잖아.
여름 내가, (해원 보며) 비겁해져서 그래. 언니.

S #71 (D - 오후 / 대학 내 공연 건물 앞)

공연장 밖으로 나온 여름.
뚜벅뚜벅 걸어 나온다.

여름 E / 나이를 먹고 비겁해졌어.

S #72 (D - 오후 5시 넘어서 / 방송국 야외 주차장)
; 2회 S #62, 2회 S #58 연결

여름 E / 사실

미러 멤버1 (세진에게) 야. 근데 너 그 여잔 어떻게 됐냐?

주차장으로 가는 길.
미러 멤버1이 세진에게 묻는.
세진, '뭐?' 쳐다보자

미러 멤버1 왜에. 그 라디오. 밤 열두 시. 이름이 뭐였드라? 한...
세진 (완전 무심하게) 아, 그거?

세진과 미러 멤버1이 여름의 차 앞을 지나고 있다.

세진 별거 아냐.

여름 E / 별거 아니라고 했었지만

여름, 창문 다 열고 있어서 밖의 목소리가 다 들린다.

여름 E / 난 그런 게 정말 별거고

세진의 별거 아니란 말에 굳어지는 여름의 얼굴.

미러 멤버2 왜. 유세진 누구랑 썸 탔냐? (장난스레) 아깐 아니래매. 없대매.

세진 (아무렇지도 않게) 썸은 무슨...

미러 멤버1 그럼 뭐였어?

세진 (완전 별거 아닌 듯) 그냥 거기 고정이라서 연락 좀 한 거 가지고.

멍하니 앞을 보는 여름.

여름 E / 매번 아파.

S #73 (D – 오후 / 대학 내 공연 건물 앞에서 뒤쪽으로 가는 길)

여름, 생각하면서 천천히 가는데.

여름 E / 그래서,

S #74 (D – 오후 5시 넘어 / 방송국 야외 주차장)

미러 멤버2 아. 뭐야. 사귄 게 아니었어?

세진 (차갑고 날카롭게) 내가 왜. (약간 경멸) ... 그런.

차에 탕탕 타는 미러 멤버들과 세진이다.

여름 E / 들춰보기 싫었어.

여름, 고개를 숙인다.

궁금했던 말은 다 들은 것 같다.

S #75 (D - 오후 / 대학 내 공연 건물 뒤쪽)

가다가 뭔가를 보고 뚝 멈춰버리는 여름.

여름 E / 무서웠거든.

세진이다.
게스트가 나온 타임을 이용해 공연장 뒤쪽에 혼자 나와
휴대폰을 보고 있던 세진과 눈이 마주쳤다.
세진도 여름을 공허하게 쳐다보는데.

여름 E / 내가 생각했던 것보다

여름은 창피함에 얼굴이 새빨개진.
마치 자기 싫다는 사람 따라 공연장까지 쫓아온
바보 같은 기분이 든다.

여름 E / 더 잔인하고 끔찍한 게 나올까 봐.

도망치듯 빠르게 걸어서 가버리는 여름인데.

S #76 (D - 한낮 / 여름·지운의 대학 운동장 스탠드)
; 1회 S #7 연결
; 과거 * 여름 23세 / 지운 21세 (2003년 여름)

지운　　넌… 그냥 상처받기 싫었던 거 아냐?

여름　　(어이가 없네. 완전 뚜껑 열린 얼굴) 뭐?

지운　　그렇잖아. 그냥 니가 상처받기 싫어서 나한테 안 물어본 거였잖아. 아니냐고.

여름　　('맞다.' 보는데)

S #77　(N - 저녁 / 여름의 아파트 단지 놀이터)
; 2회 S #4 연결
; 과거 * 여름 18세 / 현진 19세 (1998년 여름)

현진　　(쫄딱 젖은 채) 니가 진즉 말해줬었더라면.

여름　　(우산 쓰고 보다가 현진에게 우산 내미는데)

현진　　(그 우산 치우면서) 내 마음이 이렇게 끝나진 않았을 것 같아. 한여름.

현진, 가버린다.
여름, 체념한 듯 고개를 푹 숙이는데.

S #78　(D - 한낮 / 여름·지운의 대학 운동장 스탠드)
; 과거 * 여름 23세 / 지운 21세 (2003년 여름)

지운　　(점점 흥분) 니 멋대로 상상하고 결론 내리지 마. 그래놓고 상처라는 말도 하지 마. 그게 어떻게 상처야?

S #79 (D - 오후 / 대학 내 공연 건물 뒤에서 정문으로 가는 길)

여름. 멈춘다.
뒤돌아서는데.

S #80 (D - 한낮 / 여름·지운의 대학 운동장 스탠드)
; 과거 * 여름 23세 / 지운 21세 (2003년 여름)

지운 그냥 니가 판 무덤이지. 안 그러냐?

여름, 맞는 말이라 반박도 못하겠다.
부들부들 쳐다보는데.

S #81 (D - 오후 / 대학 내 공연 건물 뒤에서 정문으로 가는 길)

돌아서 뛰기 시작하는 여름.

여름 E / 내가 왜 싫어졌어요?

S #82 (N - 새벽 / 여름의 집 근처 낡은 공원)

커피를 사 온 세진이 벤치에 앉은 여름에게
뜨거운 아메리카노를 내민다.

여름, 받아서 호로록 마시는데.

세진 (자신도 뜨거운 아메리카노 들고 앉아) 근데 이거 안 덥나?
여름 (마시면서) 네. 안 더워요.
세진 (한입 마셔보는) 안 덥네.
여름 (웃으며) 그쵸?

한여름에 뜨거운 아메리카노를 마시는 두 사람.

여름 E / 내가 그쪽한테 별것도 아니라는 거. 잘 알겠는데요.

S #83 (D - 오후 / 대학 내 공연 건물 뒤쪽)

세진, 여름이 간 자리 잠시 보다 들어가려는데.
헉헉 뛰어온 여름이 있다.
보는.

여름 E / 왜 별것도 아니라면서.

서로 바라보는 세진과 여름.

여름 E / 나한테 왔나요.

여름, 성큼성큼 계단을 올라가 세진 앞에 선다.
묻고 싶은 게 많은데 숨이 차서 못 묻는다.
세진, 가만히 보고 있는데.

여름 (숨 고른 뒤 세진을 똑바로 보는. 막상 물어보려니 사실 겁이 나긴 한다) 난요. (용기 내는. 단호) 난 이런 사이 싫어요.

세진 (보면)

여름 근데 생각해보면. 우리가 무슨 사이였나 싶기도 해요.

세진 (보는데)

여름 그래도.

세진 (말 자르며) 관심이 없는 줄 알았지. 나한테.

여름 누가요?

세진 그쪽이.

여름 ('어떻게 그런 생각을 할 수 있지?' 보자)

세진 내가 연락하기 전까진 먼저 연락한 적도 없었잖아. 안 그래요?

여름 (그건 할 말이 없다) 그걸,

세진 말을 해줘야 아냐고?

여름 네.

세진 말을 해줘야 알아요. 난.

여름 ('그런가?' 혼란스러운데)

주변이 좀 소란스러워진다.
공연을 보느라 적막이 감돌던 주변에
다음 공연을 보러 온 사람들이 하나둘 보이기 시작하는데.

여름, 사람들에 약간 당황하자
세진, 여름을 확 잡아끌어
적당히 사람들 안 보이는 쪽 기둥 뒤로 가는데.
두 사람 제법 가까이에 붙어 있다.

여름 (고개 숙이고 읊조리는) 기다렸어요. 연락이 없어서. 짜증 났어요.

세진 (말없이 보는)

여름 용기가 안 났어요. 나는 먼저 연락해본 적이 한 번도 없거든요.

세진 (보면)

여름 그리고 무서웠어요. 내가. 그쪽한테. (고개를 들어 세진을 쳐다보는데)

[장마가 끝났습니다]

여름 (눈빛에 다시 고개 숙이고) 아무것도 아니라는 게.

세진 (쳐다보는)

여름 (고개 숙인 채) 별것도 아니라는 게.

세진 (뚫어져라 쳐다보는)

여름 (고개 숙인 채) 물어봐도 돼요? 난 그쪽한테.

세진 뭐냐고?

여름, 고개를 들어 세진을 쳐다본다.

마주치는 눈.

[태풍이 소멸되었습니다]

세진 뭘 것 같은데?

여름 (모른다. 그래서 물어봤잖아)

천천히

세진이 다가오기 시작한다.

여름, 다가오는 세진을
피하지 않고 쳐다보는데.

[다만]

마치 키스할 듯
여름에게 서서히 천천히 다가가는 세진.

라디오 뉴스 날씨 E / 지난했던 장마가 마침내 끝나고 제12호 태풍 '시황' 역시 소멸되었습니다. 다만 동해와 남해상으론 풍랑특보가 계속되면서 물결이 거세게 일겠습니다. 다음 뉴스입니다.

어디선가 바람이 분다.
세계 휘몰아치기 시작한다.

- 제2회 끝 -

3 ; 레일라

안녕, 잘 가세요.
가서, 행복하세요.

S #1 (N - 저녁 6시쯤 / 여름의 아파트 단지 놀이터)
; 2회 S #4 바로 전 상황
; 과거 * 여름 18세 / 현진 19세 (1998년 여름)

놀이터에 홀로 서서
비가 올 것처럼 우중충한 하늘을
올려다보고 있는 현진.

여성 MC E / 그의 인생에서 그녀는 정말 특별했던 게 아닐까요?

곧 투둑투둑
굵은 빗방울이 떨어지기 시작한다.

S #2 (D - 한낮 / 여름·지운의 대학 운동장 스탠드)
; 2회 S #80 연결
; 과거 * 여름 23세 / 지운 21세 (2003년 여름)

여름 김지운.

가려는 지운의 팔목을 붙잡아보는 여름.

지운 놔.
여름 (약간 사정하는 느낌이지만 기가 꺾이진 않은) 이러지 말고...
지운 안 놔? (거의 진심, 완전 무섭게) 죽여버리기 전에 그냥 놔라.
여름 ('뭐?' 하는 눈빛으로 보자)
지운 (무서운) 놓으라고. 정말 진심으로 죽여버리고 싶으니깐.

폭언에 여름이 멍- 해져 있는 사이
팍! 손목을 던지고 가버리는 지운.
여름, 그런 지운을 황망하게 보는데.

여성 MC E / 다시는 없을 인생의 사랑 같은.

S #3 (D - 오후 / 방송국 앞 프랜차이즈 커피집 : 야외)

커피를 마시러 나온 제훈.
커피 사서 들고 방송국으로 들어가려는데
저 너머 쪽에 뭔가를 발견하고 보는.
눈이 묘하게 기분이 나빠진다.

여성 MC E / 무엇과도 바꿀 수 없는 단 하나.

S #4 (D - 오후 / 해준의 오피스텔)
; 1회 S #13 연결
; 과거 * 여름 31세 / 해준 31세 (2011년 여름)

문이 쾅 닫히고 혼자 남겨진 해준.
쓸쓸히 앞을 바라본다.

여성 MC E / 누구보다 가장 사랑했던 사람이요.

S #5　(N / TV 스튜디오)

여성 MC　그러니까 레일라라는 노래까지 만든 거잖아요. 여전히 패티 보이드를 잊지 못하고.

해준　(바로) 아뇨.

여성 MC　('응?' 보면)

해준　잊지 못했다고 가장 특별했던 건 아니죠.

S #6　(D - 오후 / 대학 내 공연 건물 뒤쪽)
; 2회 S #83 연결

세진　뭘 것 같은데?

여름　(모른다. 그래서 물어봤잖아)

천천히 여름에게 다가오는 세진.
여름, 다가오는 세진을 피하지 않고 쳐다보는데.

키스한다.

해준 E /　최악이었을 수도 있잖아요.

S #7　(N / TV 스튜디오)

해준　에릭 클랩튼은 패티 보이드에게 거절당한 뒤, 마약에까지 손을 됐습니다. 패티는 에릭을 바닥 끝까지 밀어 넣은 사람이기도 해요. 에릭이 패티를 잊지 못했던 진짜 이유.

S #8　(D - 오후 / 대학 내 공연 건물 뒤쪽)

키스하고 있는 세진과 여름.

해준 E /　정말 가장 사랑했던 사람이었기 때문일까요?

둘, 키스하고 있는데
공연장 안쪽에서 들려오는 소리.

매니저 O.S　세진이 어디 갔어? 무대 올라가야 되는데? (소리치는) 유세진!!

세진, 멈추고 바로 들어간다.
남겨진 여름, 설레기도 하고.
뭐가 뭐인지 모르겠기도 하고.

어쩔 줄 모른 채 그 자리에 그대로 서 있는데.

해준 E /　가장 끔찍했기 때문이 아니고?

S #9　(N / TV 스튜디오)

해준　나를 가장 아프고 힘들게 했던 사람이

S #10 (D - 오후 / 대학 내 공연 건물 뒤쪽)

남겨진 여름.
얼떨떨하지만 뭔가 시작됐다는 기분에
작게 미소가 번진다.

해준 E / 어떻게

여름이 있는 곳으로
바람이 불어오기 시작한다.
세차게.

S #11 (N / TV 스튜디오)

해준 **인생의 사랑이 될 수 있다는 겁니까?**

카메라를 바라보고 있는
해준의 얼음처럼 차가운 얼굴.

S #12 (D - 낮 / 국철)

덜컹덜컹
지하에서 지상으로 빠져나오는 전철 안.

흔들거리는 전철문 옆에 서서
무료한 얼굴로 밖을 내다보고 있는 여름.

진동이 온다.
무심히 휴대폰을 꺼내 확인하는데
피식. 저도 모르게 나오는 웃음.
웃어놓고 지하철에 있는 사람들 눈치가 보여
약간 민망해하는데 한 번 더 오는 문자.

이번엔 못 참겠다는 듯
새어 나오는 웃음을 손으로 막는다.

지하철에서 손으로 웃음을 막으며 좋아하는,
오랜만에 행복한 여름의 모습.

S #13 (D - 낮 / 여름의 집 앞)

탕! 대문을 닫고 나온 여름.
입고 있는 폴리폴리한 원피스처럼 기분이 좋다.
가볍게 한 발자국. 두 발자국 떼는데.

S #14 (N - 새벽녘 / 여름의 집 앞)

여름의 집 앞에

마주 보고 서 있는 세진과 여름.

뒷짐을 진 채
수줍은 듯 고개를 숙이고 있는 여름이
풋풋하다.

S #15 (D - 낮 / 여름의 집 앞 좁은 골목길)

조금씩 점점 더 가벼워지기 시작하는 여름의 걸음인데
맞은편에 8-9세 정도 되는 여자아이가
자전거를 낑낑거리며 끌고 오고 있다.

여름 (기분 좋아 오지랖) 무겁겠다. 언니가 들어줄까?
여아 ('우웅?' 쳐다보는)

S #16 (D - 오후 / 자전거 공원)

잇차- 자전거를 들어 공원 바닥에 놓고
이제 막 타보려는 여름 곁으로 쌩-
세진이 자전거를 타고 시원하게 지나간다.

여름도 미소 지으며
자전거를 타고 세진 뒤를 쫓는데.

S #17 (D - 낮 / 여름의 집 근처 골목길)

두 손으로 번쩍 자전거를 들고 상쾌하게 걷는 여름.
옆을 졸졸 쫓아가는 아이도 여름의 힘에 놀라 보는데
여름은 전혀 힘들지 않은.
기분만 좋다.

여름 (집 앞에 툭 자전거 놓아주며) 여기야?
여아 (고개 끄덕끄덕) 네에.
여름 안녕. 그럼 언니 갈게. (손짓까지 하고 가는데) 안녕.
여아 (눈치 보면서 인사하는) 고맙습니다. 이모. 안녕히 가세요. 이모.

뒤에서 '이모 이모'거리는 것도 모르고
땀을 닦으며 기분 좋게 가는 여름.

S #18 (N - 저녁 초입 무렵 / 홍대 가판대 있는 좁은 거리)

여름이 쓱- 땀을 닦으며 슬쩍 옆을 보자
미니 선풍기가 흔들흔들거리고 있다.

올려다보니 세진이 뒤쪽에 있는 가판대를 턱으로 가리키는.
'저기서 사 왔어요.' 하듯.
미소 지으며 선풍기를 받아 켜는 여름.

바람에 기분이 좋아진다.

S #19 (D - 낮 / 여름의 집 앞 좁은 골목길)

뜨거운 햇볕 아래를
미니 선풍기 틀고 '아아아아.'거리며 걷고 있는 여름.

S #20 (N - 새벽 / 여름의 집 앞)

여름 (눈치 보다가) 그럼... (고개 숙이며 인사) 안녕히 가세요.
세진 (뻔뻔) 나 안 갈 건데.
여름 ('엉?' 쳐다보니)
세진 안 갈 거라고요. (턱으로 여름의 집 가리키며) 나 저기 들어갈 건데?
여름 어디. (약간 바보같이 손가락으로 자기 집 가리키며) 여기. 여기요? (어이가 없는 듯) 우리 집?
세진 네. (스스럼없이 대문 열고 들어가며) 뭐 해 먹고 살아요?
여름 (입 쩍 벌리며 세진을 종종 쫓아가며) 저기...

쾅! 닫히는 대문.

S #21 (D - 오후 / 지상파 라디오국 사무실)

우당탕 쾅!
요란한 소리에 사무실에 있는 사람들이 흘끔,

정수기 쪽을 보니
여름이 그 무거운 물통을 혼자 들어 정수기에 내리꽂았다.

사람들 시선 상관없이
찬물 한 잔 받아 벌컥벌컥 들이켜는데
무슨 이온 음료 광고 찍는 애 같다.

해원 (툴툴 지나다) 야. 그렇게 힘이 남아돌면 저쪽 정수기에도 좀 꽂아줘.

여름 (속도 모르고 좋아서) 그럴까? (졸졸 해원을 따라가는데)

자리에 앉아 선곡을 하다
지나치게 기분이 좋은 여름을 흘끗 보는 제훈.

S #22 (N / 지상파 라디오국 사무실)

제훈 (시니컬) 너무 들뜬 것 같지 않아요?

여름의 오프닝 원고를 보고 한마디 하는 제훈.

여름 (반짝 쳐다보고 있는)

제훈 밤 열두 시에, 이런 건 (오프닝 원고 여름에게 돌려주며) 좀 방방 뜨지 않나?

여름 (받아 들면서. 수긍하듯 고개를 끄덕이는데)

제훈 (컴퓨터 쪽 돌아보며) 좀 다운시켜봐요.

여름 (알았다는 듯 뒤돌아 가려다가 다시 돌아서서) 근데요. PD님.

제훈 ('뭐.' 쳐다보자)

여름 (전혀 공격적이지 않다) 좀 들뜨면 안 되나요?

제훈 (뭐?)

여름 (웃으면서 조목조목) 그챦아요. 새벽이라고 마냥 축축 처지라는 법은 없잖아요. 어느 날은 좀 상쾌하기도 하고, 방방 뜨기도 하고. (악의 없이 궁금하다) 그럼 좀 안 되는 거예요?

제훈, 이번엔 노골적으로 짜증 난다는 듯 여름을 쳐다보는데
여름은 순수하게 '왜?'
뭐가 문젠지도 모른다는 얼굴이다.

S #23 (N / 방송국 내 커피숍)

해원 원래 PD들이 다 그래.

방송국 안 커피숍에서 커피를 마시고 있는 해원과 여름.
해원이 뭐라든 여름은 고개 푹 숙이고 휴대폰 하고 있는데.

해원 (아이스커피 조르륵 마시며) 아, 지들이 작간 줄 안대니깐? 아니지. 지들이 작가보다 더 잘 쓰는 줄 알아요. 야. 막말로 그렇게 잘 쓰면 지들이 원골 쓰면 되잖아. 근데 또 그건 안 해. 안 하긴. 못하는 거지. 그래서 작가를 고용했으면서. 아니. 왜 감 놔라 배 놔라야.

여름 (해원의 말 듣고 있지 않다. 휴대폰 보면서 피식피식 웃는데)

해원 (안 듣는 줄도 모르고 지가 더 흥분) 라디오는 팀플레이잖니? 어느 정도 믿고 맡기는 게 있어야지. 대세에 지장도 없는데 오

프닝 가지고 이래라저래라. 어우. 오제훈은 안 그런 줄 알았는데, 뭐냐. 그 새낀. 야. 너무 기분 나빠...... (보는데 한여름은 자기 말을 전혀 듣고 있지 않다) 헬로우?

여름　(휴대폰 보다 정신 차리고 바보같이 웃으며) 엉?

해원　너 기분 안 나쁘구나? 전---혀.

여름　(순수하기 짝이 없는) 어. 왜 나빠?

해원　(대답 대신 한숨 쉬자)

여름　(다시 미친 눈으로 휴대폰 삼매경)

해원　(기막혀하다 자조하듯 혼잣말) 그래. 니가 기분이 왜 나쁘겠니. 기분은 내가 나쁘지. 아오. ('에라이.' 하듯 드르륵 빨대로 아이스커피 다 마셔버리는데)

여름은 휴대폰으로 톡을 하며
피식피식 웃기만 한다.

S #24　(N / 세진의 집 앞 - 밴 안)

톡이 왔다는 알림음 계속 들리고.
밴 안에 앉아 무표정한 얼굴로
휴대폰을 보면서 문자를 하는 세진.

여름과 톡을 하는 것 같은데
세진의 표정은 여름과 전혀 다르다.
무슨 생각을 하는지 모를 얼굴.

매니저　(세진의 집 앞에 차 세우고, 세진 쪽 돌아보며) 다 왔어.

세진 (휴대폰 보면서 내리는) 어. 형. 내일 봐.

매니저 (급하게 잡는) 세진아.

세진 ('뭐.' 쳐다보니)

매니저 너... (하기 어려운 얘기인 듯 약간 망설이다) 오늘...

세진 (치고 나가는) 뭐. (약간 무섭게) 나갈 거냐고?

매니저 ('다 아는구나.' 가만히 있는데)

세진 (악마처럼 놀리는, 약간 웃으며) 나갈까?

매니저 (어쩔 줄 몰라 하자)

세진 (표정 굳으며) 말까.

매니저 (꾹 참으며) 아니, 걔가 좀 예민해져 있는 것 같더라고. 니가 전화를 너무 안 받아가지고.

세진 (매니저를 뚫어져라 보는데)

마침 전화가 온다.

세진 (발신자 확인하고 픽 웃으며) 받을까.

매니저 (꾸욱 참는)

세진 (매니저 보며. 표정 싹 바꾸며) 말까.

매니저 (대답 대신 한숨 쉬고 뭐라고 하려는 찰나) 야...

세진 받을게. (전화 받으며 차에서 내린다) 여보세요.

차는 붕- 출발하고

세진 (평소와 약간은 다른 말투, 조금의 다정) 왜. 걱정했어?

전화하면서
집 안으로 들어가는 세진.

S #25 (N - 새벽 2시 / 방송국 로비)

제훈 잠깐 회의하죠.

퇴근하려고 로비 쪽으로 반쯤 몸을 틀었던 여름.

여름 네?
제훈 회의하자구요. 위에서 봅시다. (쌩- 엘리베이터 타고 가는데)

여름, 잠시 멍- 하게 있다가 빠르게 상황 판단.
서둘러 휴대폰 꺼내 다다다 문자를 보내기 시작한다.

다정 (그제야 나오며) 뭐예요? 지금 회의하재요?

여름, 대답도 안 하고
고개 푹 숙인 채 휴대폰만 보며 엘리베이터 쪽으로 가는데.

다정 (짜증 내면서 따라가는) 미쳤어. 왜 저래? 무슨 새벽 두 시에 회의야. 아. 진짜.

딩- 엘리베이터에 타는 둘.

S #26 (N - 새벽 2시 넘어 / 방송국 뒤 공영 주차장 : 세진의 차 안)

띵동- 문자가 왔다는 알림음에
눈 감은 채 운전석에 앉아 기다리던 세진이 눈을 뜬다.

조수석에 버려둔 휴대폰을 들어 문자를 확인하려던 찰나
전화가 오는데.
잠시 망설이다 결국 전화를 받는.

세진 (뭔가 꾹 참으며) 어. (2회 S #24와 같은 말투. 묘하게 다정) 무슨 일 있어? (뭔가 듣고 티 나지 않게 한숨 쉬며) 아냐. 지금 갈게. 끊어.

전화를 끊고 조수석으로 휴대폰 팡 던져버리는 세진.
화가 났다는 듯 붕! 차를 출발시킨다.

S #27 (N - 새벽 3시 넘어 / 방송국 뒤 공영 주차장)

다다다 달려온 여름.
주차장에 도착해 헉헉거리는데
이미 아무도 없다.
개미 새끼 한 마리 안 보이는.

여름, 숨 정리하면서 주변 둘러보며 전화를 하는.

음성사서함 E / 지금 고객님이 전화를 받을 수 없습니다. 다음에 다시 음성사서함으로 넘어간다.
여름, 허탈한 듯 자리에 서서 한숨을 쉬는데.

S #28 (D - 오후 / 방송국 일각)

해원 난 있지. 널 보면... 멀미가 난다?
여름 (골똘히 생각하다가) 어?
해원 오르락내리락 내리락오르락. 너 바이킹 타니? 인생 안 역겨워?
여름 (무슨 소린지 알아서 허탈한 듯 웃자)
해원 왜. 왜 또 그러는데. 어?
여름 (웃으며) 아니야.
해원 잘 됐잖아. 걱정할 거 없잖아. 근데 왜 또오.
여름 (약간 망설이다 웃으며) 아니. 연락이 안 돼서.
해원 (완전 기막힌) 허. 진짜. (어우. 내가 다 짜증 난다) 그 새끼는 도대체 왜 그런대니? 뭐가 문제라니? 어디 살아? 협곡? 낭떠러지? 야. 휴대폰 좀 바꾸라 그래.
여름 (피이익 웃는데)
해원 아님 무슨 주기가 있어? 연락하다가 안 하다가 하다가 안 하다가. 아. 진짜 드럽게 피곤하게 사네. 어우. 진짜 피곤해. 어우 짜증 나.
여름 (좀 더 웃는데)
해원 (그래도 위로) 아. 뭐. 말 못할 사정이 있겠지. 뭐.
여름 (훨씬 덤덤한 느낌) 응.
해원 (억지로 사정 생각해주는) 뭐, 휴대폰이 고장이 났다거나... 뭐 어디 진짜로 아마존 같은 데로.
여름 언니.

해원 (보면)

여름 나 이제 진짜로 신경 안 써.

해원 ('정말?' 보는데)

여름 이젠 믿기로 했거든.

해원 뭘.

여름 마음.

해원, 바라보는데.

S #29 (N - 새벽 3시 넘어 / 래희의 아파트)

문을 열고 들어온 세진에게 래희가 다가간다.
세진, 무표정하게 래희를 보는데.

여름 E / 그 사람이 나한테 보여주는 그 마음.

저벅저벅 가서 푹 안겨버리는 래희.
래희는 응석 부리듯 안겨 좋아하는데.
세진은 표정이 없다.

여름 E / 그건 진짜잖아.

S #30 (D - 오후 / 방송국 일각)

여름 진짜니깐. 이젠 믿어.

해원 (건성) 아. 예.

여름 (웃으며) 안 믿으면 어쩔 거야. 내 속만 탔는데. 그치?

해원 (귀찮다는 듯) 아, 알았어. 믿어.

여름, "진짜 믿는다니깐?" 해원, "아, 알았다고."
서로 투닥이며 웃는데 환하고 싱그럽다.

[저기요]

S #31 (D - 오후 / 여름의 방)

까지 쓰다가 지우는 여름.
휴대폰을 책상 위에 툭 올려놓고
쭈욱 기지개를 켜면서 방을 나선다.
이제 연락이 안 와도
예전처럼 기분이 다운되지 않는다.

S #32 (D - 오후 / 여름의 거실)

소파에 앉아 TV 보면서
계란밥을 먹으며 흐흐 웃는 여름.

진동 소리가 들리자 계란밥은 서둘러 씹어 먹지만
일부러 천천히 걷는 듯 전화기가 있는 방으로 가는데.

휴대폰을 확인한 여름,
'이럴 줄 알았어.' 하는 듯한 미소를 짓고
휴대폰이 울리도록 좀 내버려두다 전화를 받는다.

여름 (여유롭게 웃으며) 많이 바빴어요?

환하게 웃는데.

S #33 (N - 저녁 무렵 / 래희의 아파트)

래희 어디 가?

주섬 일어나 나가려는 세진을 급하게 뛰어나와 잡는 래희.
세진, 가다가 쳐다보는데.
래희, 눈빛으로 한 번 더 묻자

세진 (마지못해 대답) 연습.
래희 (득달같이) 연습 없잖아. 나 다 알아.
세진 김래희.
래희 (보면)
세진 (제법 친절) 희준이 형한테 자꾸 전화하지 마. 알았지?
래희 (가만히 있는)
세진 (슬슬 무서워지는) 내 매니저지, 니 매니저가 아니잖아?
래희 (약간 애원) 가지 마라. 응? 세진아. 오늘은...
세진 김래희.
래희 (보면)

세진 (무서워졌다) 내가 이러면 어떻게 한다고 했지?

래희 (뚝 멈춰서 보면)

세진 어떻게. (악마 같은) 해줘?

래희, 쓱. 가만히 손을 놓아준다.
세진은 손이 풀어지자마자 휙 돌아서 나가버리는데.

그 자리에 서서
세진이 간 자리 원망스럽게 바라보는 래희.

S #34 (N - 저녁 무렵 / 래희의 아파트 : 엘리베이터 앞)

쾅! 문이 닫히고
아파트 엘리베이터 앞으로 나온 세진.
약간 화난 듯 엘리베이터 버튼을 누르는데
래희가 마음에 걸린다.

갈까 말까.
벽에 기대어 생각하는데.
엘리베이터가 도착하고 문이 열리는.
세진, 타지 않고 벽에 기대만 있다.

닫히는 문.

세진, 결심한 듯
한숨 쉬며 다시 래희의 집 쪽으로 가

비번을 누르고 들어가려는데.

휴대폰 진동이 오는.
발신자 확인하고 받으며

세진 (다시 돌아서며. 웃으며) 어디예요?

S #35 (N - 저녁 / 미러 지하 합주실 가는 길)

합주실 앞에 다다른 여름과 세진.

여름 (두리번거리며 세진 따라가는) 여기가 합주실이구나.

세진, 입구 문 열고 먼저 들어가자
여름, 종종 따라 들어가는데.

S #36 (N - 저녁 / 래희의 아파트)

조바심 나는 얼굴로
탁자에 올라앉아 세진에게 전화를 하고 있는 래희.

음성사서함 E / 지금 고객님이 전화를 받지 않아

세진은 전화를 받지 않는다.
짜증 난다는 듯

무릎에 확 얼굴을 묻어버리는 래희인데.

S #37 (N / 미러 지하 합주실 : 세진의 개인 작업실)

깜빡깜빡거리는 전등을 올려다보고 있는 여름의 코앞에
누군가의 다리가 붙는다.
살짝 한 걸음 뒤로 물러나니
세진이 의자를 놓고 올라가 전등을 갈고 있는.

전등을 간 세진,
의자에서 내려와 전등을 쳐다보는데
이상하다. 여전히 깜빡깜빡거리는.

여름 (같이 올려다보며) 안 되네요?

세진, '그러게.' 하듯 전등을 같이 보다 문득 앞을 바라보니
고개를 젖히고 전등을 보는 여름이 꽤 가까이에 있다.
세진, 여름이 자신을 볼 때까지 잠시 기다리는데.

여름 (전등 보면서) 퓨즈 같은 게 나간 건가? (하고 앞을 보니 세진이 코앞에 있는)

순간 멈추는 여름.
세진, 타이밍이다 싶어 서서히 다가가 키스하려는데
깜빡.
전등이 꺼진다.

어둠 속에서 까르르 웃는 두 사람인데.

S #38 (D - 오후 / 여름의 집 근처 낡은 공원)

여름 난요. 생각이 안 나요.

세진 (쳐다보면)

공원에서 마주 보고 있는 두 사람.

여름 예전에 내가 뭘 했었는지.

세진 (픽 웃자)

여름 사실 난 세진 씨랑 하는 게 전부 처음은 아닐 텐데.

세진 (바라보면)

여름 이상하죠. 마치 처음 같아요.

여름의 말에 세진이 웃는다.
여름도 함께 웃는데.
수줍은 듯 마주 본 두 사람.
멀리서 비친다.

S #39 (N / 지상파 라디오국 사무실 내 작가실)

정선 언니.

일하고 있는 여름에게 다짜고짜 온 정선.

약간 공격적이다.

정선　　언니 혹시 요즘 유세진 만나?

여름, 경계심으로 정선을 쳐다보는데.

S #40　(N - 저녁 / 미러 지하 합주실 입구 앞)

[오늘 못 보겠네요. 합주가 잡혔어요]

여름, 세진이 낮에 보낸 문자를 확인한다.
그리고 합주실 입구를 바라보는 여름.
결심한 듯 숨 한 번 크게 쉬고
조심스럽게 손잡이를 잡아보는데.

S #41　(N / 지상파 라디오국 사무실 내 작가실)

정선　　(약간 꼬시다는 느낌이 있음) 언니. 걔 여자친구 있어.
여름　　(뭐?)
정선　　(확인사살시키듯 띄어서 얘기해주는) 유세진한테. 희준 씨만 알고 있는 여자친구가 있다구.
여름　　(대답 않고 보는데)

S #42　(N - 저녁 / 미러 지하 합주실 입구 앞)

[오늘 못 보겠네요. 합주가 잡혔어요]

다시 한 번 문자를 확인하는 여름.
손잡이를 당겨본다.
달칵.
안 열린다. 잠겨 있는 합주실.
순간 많은 것들이 무너지는 얼굴의 여름.

S #43 (N / 지상파 라디오국 사무실 내 작가실)

정선 10년을 사겼대. 몰랐어?

여름, 그저 쳐다보는데.

S #44 (D - 오후 / 여름의 집 근처 낡은 공원)

세진 나는 아닌데?
여름 ('어?' 보면)
세진 난 진짜 처음이거든. 같은 게 아니고.
여름 (보는데)
세진 제가 그쪽보다는 나이가 좀 어려서요. (픽 웃는)

여름이 환하게 웃자
세진도 이내 환하게 웃는다.

S #45 (N - 저녁 / 미러 지하 합주실 입구 앞)

여름, 어쩔 줄 모르는 얼굴로 그 앞에 서 있는데
갑자기 뒤에서 웅성거리는 소리 들린다.

미러 멤버1 O.S (칭얼) 아. 진짜. 연습하기 싫다고!!

휙 돌아보니
저쪽 골목 어귀에 세진과 미러 멤버들이 걸어오는 게 보이는.
당황한 여름, 옆쪽 건물로 재빨리 가 숨는데.

미러 멤버1 째자. 그냥 째자. 희준이 형도 없는데. 째자.
미러 멤버2 완전 좋은 생각이다. (세진에게) 야. 어디로 갈까?
세진 (말없이 픽 웃자)
미러 멤버3 아. 됐어. 그냥 해. 빨랑 해치우고 마시면 되지. 아, 얼른 들어가.
(멤버들을 안쪽으로 밀면서 같이 들어가는데)

우수수 합주실로 들어가는 멤버들.
여름, 잠시라도 세진을 의심했던 자신이 정말 못나 보인다.
허탈함에 한숨을 쉬는데.

S #46 (N - 저녁 6시 즈음 / 지운의 대기업 사옥 : 탕비실)
; 2회 S #8 연결

혜리 (커피는 다 마신. 괜히 떠보는) 그럼 그건 진짜였어?

지운 (다른 사람들 커피도 타주고 있다. 6잔, 대충 대답) 뭐.

혜리 한여름. 너 그 여자는 진짜 좋아했었어? 진심으로?

지운 아 몰라.

혜리 (흘겨보며) 치. 그게 왜 기억이 안 나냐?

지운 헤어진 이유도 기억이 안 나는데, 진심이었는지 아니었는지 알게 뭐야.

혜리 (뿌루퉁) 난 가끔 한여름이 질투가 난단 말야.

지운 (완전 이해가 안 되는) 아니, 왜? 도대체 왜? (아 진짜 이해가 안 되네) 아니, 도대체 왜?

혜리 아, 니가 맨날. 싸울 때마다. 걔 얘기하잖아. 그게 얼마나 짜증나는 줄 알아? 대학 때 만났다면서. 아직까지도. 무슨 인생의 여자냐?

지운 인생의 미친 애였으니깐 그렇지. (애교) 아. 진짜. 우리 윤 과장님 왜 이러실까?

혜리 (삐친 척) 몰라아. 그리고 어떻게 헤어진 이유가 기억이 안 나냐? 그건 진짜 뻥 아냐? (탕비실 나가는데)

지운 (쟁반에 커피 6잔 들고 나가며. 작은 목소리로 애교) 아잉. 진짜 기억이 안 나는데 어쩌라고. 웅?

혜리 (사무실 사람들 의식하며 작은 목소리. 괜히) 아, 몰라.

투닥이며 사무실을 걷는 둘.

S #47 (N – 저녁 어스름 / 지하철역 근처 편의점 앞 파라솔)
; 2회 S #5 연결

현진 O.S 헤어진 이유라...

비 그친 편의점 파라솔에 앉아
지용과 맥주 한잔하고 있던 현진, 생각하는.

현진 글쎄.

S #48 (N - 저녁 어스름 / 여름·현진의 고등학교 근처 길)
; 과거 * 여름 18세 / 현진 19세 (1998년 여름)

지용 야! 최현진!

교복 입은 고등학생 현진과 지용이
학교가 끝나고 버스 정류장 쪽으로 걷고 있는데.
버스 정류장 근처의 햄버거 가게에
고등학생 여름과 남학생 한 명이 마주 앉아
햄버거 먹고 있는 걸 보고

지용 저거 한여름이 아니냐?
현진 (함께 보는데)

멍.
뭔가, 싶다.

S #49 (N - 저녁 어스름 / 지하철역 근처 편의점 앞 파라솔)

지용 (현진의 고객 자서 중 한여름 파일 보며) 아. 맞다. 걔 바람 폈었지? 이제 기억나네. 야. 근데 너 그때 그거 물어본다고 하지 않았었냐? (생각이 잘 안 나는) ... 아닌가?

현진 (캔 맥주 홀짝 마시며) 물어보러 갔었지.

지용 뭐래디, 걔가. (캔 맥주 마시는데)

현진 (약간 피식 웃는데)

〈플래시 컷〉 - 2회 S #4

현진 (원망스러운 얼굴로. 화난) 왜... 거짓말을 한 거야?

비 맞고 있는 현진 앞에 서 있는
우산을 쓴 고등학생 여름.

현진 (캔 맥주 마시며) 몰라.

지용 (캔 맥주 마시며 '응?' 하는 얼굴로 보자)

현진 몰라. 기억이 안 나. 뭐라고 했었던 것 같긴 한데.

지용 (쳐다보면)

〈플래시 컷〉 - 2회 S #4

여름이 뭐라고는 하는데, 뭐라는지는 모르겠다.

현진 몰라. 생각이 안 나네. (캔 맥주 한 모금 하는)

지용, 현진을 보는데
현진, 정말 모르겠다는 얼굴이다.

S #50 (D - 한낮 / 여름의 방)

으음- 낮게 허밍 부르며 침대에 가만히 걸터앉아
맞은편 행거를 바라보고 있는 여름.

결심했다는 듯 일어나
행거에서 가벼운 원피스를 하나 꺼내 걸고
옷을 벗기 시작한다.

S #51 (D - 한낮 / 여름의 거실)

옷을 다 입고 거실로 나온 여름.
툭툭 걸어가며 거실을 보니
TV에서 예능 프로그램이 나오고 있다.
다들 깔깔거리고 있는.
탁자에 놔둔 리모컨으로 TV를 끄고
부엌 쪽으로 들어간다.

S #52 (D - 한낮 / 여름의 집 앞 좁은 골목길)

바리바리 노트북과 가방을 든 여름이 걷고 있다.
툴툴 자전거가 옆으로 지나가고
이제 바람도 없는 시기.

여름, 더운 듯 내리쬐는 해를 보며 찡그리는데.
전화가 온다.

여름, 큰 가방에서 휴대폰을 꺼내
전화를 받는.

여름 (밝은) 어. 나 지금 가고 있어. (웃으며 걷는데)

S #53 (N / 지상파 라디오국 사무실)

여름의 오프닝을 읽은 뒤 여름을 쳐다보는 제훈.
여름, '왜에?' 하듯 여전히 순수하게 제훈을 바라보자

제훈 (원고 놓고 일어나며. 꽤 쌀쌀맞게) 밥은 다정이랑 알아서 드세요. 전 약속이 있어서.
여름 (자리로 돌아가려는데)
제훈 (나가려다가 말고) 참. 한여름 씨.
여름 네? (웃으며 돌아보는데)

S #54 (N - 새벽 2시 30분 넘어 / 여름의 집 앞 좁은 골목길)

집으로 돌아가고 있는 여름.
발걸음이 무거워 보이진 않는다.
제법 가볍게 걷고 있는데
갑자기 뚝. 멈추는 여름.

뒷모습이라
무슨 생각을 하는진 모르겠다.
하지만 곧 다시 걷는 여름.
어쩌면 씩씩해 보이기도 한다.

해원 O.S 언제였지?

S #55 (D - 오후 / 방송국 앞 아이스크림 집 : 야외)
; 1회 S #61 연결

방송국 앞 아이스크림 집 야외 철제 의자에 나란히 앉아
아이스크림을 먹고 있는 해원과 여름.

여름, 아이스크림 숟가락으로 퍼먹으며 '응?' 보자

해원 니 휴가.
여름 (한입) 내일이잖아.
해원 잘 갔다 와라.
여름 응. (해원 보면서) 뭐 사 올까? 필요한 거 있어?
해원 됐어. 뭘 사 와. (하면서도 생각하는) 근데 미국은 뭐가 좋냐?
여름 (픽 웃는데)
해원 야.
여름 (웃으며 쳐다보는) 응?
해원 너... (약간 망설이다) 괜찮은 거지?
여름 (웃는) 그러엄.

해원 ('사실 안 괜찮잖아.' 하듯 여름을 바라보는데)

여름 ('아 왜 그렇게 쳐다봐' 웃으며) 아. 뭐야. 진짜 괜찮아.

해원 ('아니잖아.' 또 보면)

여름 (진심) 언니. 진짜 괜찮아. 난 최선을 다했거든. 노력했어. (좀 더 웃으며) 그럼 된 거 아냐?

해원, 대답 없이 작게 한숨 쉬는데.

S #56 (N - 저녁 / 미러 지하 합주실 입구 앞)
; 3회 S #45 연결

돌아선 여름이 걸음을 떼려는 바로 그 찰나.

래희 O.S (애교 있는 목소리) 세진아.

낯선 여자 목소리가 들린다.
천천히 돌아보니
마지막으로 합주실에 들어가려던 세진에게
여리여리하지만 강단 있어 보이는 여자가
응석을 부리며 걸어오고 있다.

래희 합주는 언제 끝나? 나 발 아픈데. (자연스레 세진의 팔에 감기며) 안에 내 발레 실내화 있어? 나 그거 신고 싶어. (잡아줘. 하듯 손 내밀자)

세진 (묵묵히 손을 잡아주는)

래희 (팔에 매달려 애교 떠는) 오늘은 어디 가면 안 돼. 약속했다, 너.

세진　(무표정하게) 알았어. (같이 들어가려는데 뭔가 느낌이 쎄- 하다. 옆을 보니)

여름이 서 있다.
무표정하게 일부러 나를 좀 보라는 듯이.

여름 E / 참 -

S #57 (N - 저녁 / 미러 지하 합주실로 내려가는 좁은 계단)

여름 E / 좋은 날이었어요.

계단을 내려가는데
조잘조잘 떠드는 래희의 말이 전혀 들리지 않는 세진.

래희　세진아.

여름 E / 믿을 수 없을 만큼

세진, 생각하느라 아무것도 들리지 않는데.
래희, 세진을 쳐다보는. 이상하다.

여름 E / 꿈같은 며칠이었어요.

래희　(그래도 애교를 잃지 않고) 유세진!
세진　(그제야 보자)

래희 아까... (조심스럽게 묻는) 그 여잔 누구야?

세진 (래희를 보는데)

래희 (의심하는 얼굴 숨기며) 아는 여자는 아니지? 모르는 사람이지? 팬이야? 그래서 여기까지 온 거야?

세진 (그저 생각하는데)

여름 E / 나한테 이런 일이 일어나도 되나,

<u>*〈플래시 컷〉 - 3회 S #56*</u>

여름이 서 있다.
무표정하게 일부러 나를 좀 보라는 듯이.

여름 E / 믿을 수가 없었는데요.

래희 유세진. 내 말 듣고...

세진, 래희의 손을 팍 놔버리고 돌아서서
미친 듯이 계단을 뛰어 올라가기 시작한다.

래희 (목소리 바뀌는, 다급한) 유세진! (짜증) 야!!!!

S #58 (N - 저녁 / 미러 지하 합주실 입구 앞)

담담하게 이야기를 이어가는 여름.

여름 근데 역시. 이런 거였어요.

뛰어 올라온 세진이 헉헉거리며 여름을 보고 있다.

여름　제가요. 좀 더 어렸더라면, 지금 이 순간이 진짜 창피했을 텐데.

세진　(숨 몰아쉬는데)

여름　그쪽이 너무 원망스럽고, 진짜 비참한 기분이었을 텐데.

세진　(조금씩 숨이 나아진다)

여름　나이가 드니깐 좋은 것도 있네요. 이런 걸 이해할 수 있게 되었어요. 이렇게... 말도 안 되는 것까지.

세진　(숨 다 골랐다. 이제 말하고 싶은 게 있는데)

여름　어떻게. 세상에 가득 찬 물 잔이랑 텅 빈 물컵만 존재하겠어요. 아주 조금만, 정말 조금만 따라놓은 물 잔도 있는 거겠죠. 그쪽이 나한테 가졌던 마음처럼.

세진　(보면) 나는.

여름　그래도. 이왕이면. 마음 같은 건요. 세진 씨. 가득 찼을 때 표현하고, 완전히 비워냈을 때 아니라고 하는 게 맞아요.

세진, 할 말이 없다.
바라보는데.

여름　가지고 있는 물 잔을 제대로 비워내지도 못하구

S #59　(N - 새벽 / 여름의 부엌)
; 3회 S #20 연결

당황해서 유리컵에 콸콸콸 오렌지 주스를 따르고 있는 여름.

여름 (따르면서 아무 말 대잔치) 목마르죠? 아니에요? 아닌가? 어?

당황하는 여름이 귀엽다는 듯
흘끔 보며 활짝 웃는 세진.

여름 E / 새 물 컵에 물을 채워버리면.

S #60 (N - 저녁 / 미러 지하 합주실 입구 앞)

여름 당신은 괜찮을지 모르겠지만

S #61 (N - 저녁 / 미러 지하 합주실로 내려가는 좁은 계단)

세진이 남겨두고 간 그 자리에
꼼짝도 않고 서서 뚝. 뚝.
닭똥 같은 눈물을 흘리는 래희다.

여름 E / 그 마음들은 전부 상처받아요.

S #62 (N - 저녁 / 미러 지하 합주실 입구 앞)

여름 어떤 게 진짜 최악인 줄 알아요?
세진 (보면)

여름　　이거요. 이런 식의 마음이요. 살아보니깐 그렇더라구요. 차라리 소리치고 싸우고 나쁜 기억뿐이더라도. 온전히 사랑받았던 추억이라도 있으면요. 헤어지고 나서도 그 사람을 미워하지 않아요. 그런데, 이런 식의 가짜 마음은. 좋았던 기억뿐일지라도.

세진　　(뭔가 할 말이 있는 듯 쳐다보면)

여름　　불쾌해요. 불쾌하고 꼴사납게 남겨져요. ('네가 그래.' 하듯 세진을 본다)

세진, 할 말이 있는데 하지 못한 채
여름을 바라보기만 하는데.

여성 MC O.S　　사랑했기 때문이 아니라

S #63　　(N / TV 스튜디오)

여성 MC　　가장 싫고, 끔찍했기 때문에 잊지 못하는 거다. 와. 그건 좀 싫은데요?

해준　　(건조하게 보면)

여성 MC　　보통 여자들은 남자들이 자신을 아름답게 기억해주길 바라거든요.

S #64　　(D - 한낮 / 여름·지운의 대학 캠퍼스 : 강의실)
; 과거 * 여름 23세 / 지운 21세 (2003년 여름)

지운　　니가 얼마나 꼴사나운지 넌 모르지?

여름　('뭐?' 보면)

지운　매번 욱하고. 짜증 내고. 소리 지르고. 니 주특기가 뭔진 아냐?

여름　(째려보면)

지운　사람 머리 뚜껑 1초 만에 열리게 하는 거... 니가 그런 애야. 한여름.

여름　(짜증 나서) 김지운.

지운　아, 그렇게 부르지 좀 마!!

터벅터벅 쾅! 강의실을 나가버리는 지운이다.

여성 MC E /　사실 연애를 하고 나면, 싫었던 것보단

S #65　(N - 저녁 / 여름의 현관)

쾅.
문을 닫고 들어온 여름.

현관 신발장 위에 얌전히 놓인 발레슈즈를 보는.

<u>*〈플래시 컷〉 - 2회 S #21*</u>

세진, 무심한 듯 툭툭 내려와
뒷주머니에서 뭔가를 꺼내 여름 앞에 놓아주는.
발레용 실내화다.

잠시 보다 덤덤하게 입구의 쓰레기통에 버리는데.
거기엔 어떤 원망도 섞여 있지 않다.

여성 MC E / 좋았던 것만 남기 마련인데.

S #66 (D - 오후 / 방송국 앞 프랜차이즈 커피집 : 야외)
; 3회 S #3 연결

커피를 마시러 나온 제훈.
커피 사서 들고 방송국으로 들어가려는데
너머에 모자를 푹 눌러쓴 세진과 여름이
웃으며 가는 게 보이는.
묘하게 기분이 나빠지는 제훈이다.

여성 MC E / 정말 얼마나 별로였으면

S #67 (N - 저녁 / 여름의 아파트 단지 놀이터)
; 2회 S #77 연결
; 과거 * 여름 18세 / 현진 19세 (1998년 여름)

비를 맞으며 뚜벅뚜벅 걸어가는 현진.
뭔가 확고해진 얼굴이다.
뒤에는 우산을 쓴 여름이 축 처진 채
가버리는 현진을 쳐다보고 있다.

여성 MC E / 그렇게 남겨지겠어요.

S #68 (N / TV 스튜디오)

여성 MC 그건 안타까울 정도로 슬픈 일이네요.

해준 (냉정) 어쩔 수 없죠.

여성 MC (보면)

해준 상처를 줬으면, 그 정도쯤은

〈플래시 컷〉 - 1회 S #13

해준 *넌 날 사랑하긴 해?*

〈플래시 컷〉 - 3회 S #4

문이 쾅 닫히고 혼자 남겨진 해준.
쓸쓸히 앞을 바라보는데
많은 것들이 담겨 있는 눈빛이다.

S #69 (N / TV 스튜디오)

해준 감당해야 되는 게 맞지 않습니까?

해준, 카메라를 보는데
마치 여름이 앞에 있는 듯 차갑고 냉정한 얼굴이다.

S #70 (N - 새벽 2시 30분 넘어 / 여름의 집 앞 좁은 골목길)
; 3회 S #54 연결

늦은 밤.
혼자 걷고 있는 여름의 뒷모습.
아무렇지도 않은 얼굴로 걷는 여름이다.
미세하게 기분이 좋아 보이기까지 한데.

가다가 갑자기 뚝 멈추는 여름.
갑자기 울기 직전의 아이 같은 표정이 된다.
하지만 꾹. 참고 후- 마음을 다스려 다시 걷기 시작하는데.
삐죽 삐져 나온 울음은 쉽게 들어가지 않는다.

다시 멈춰 서는 여름.
조금씩 얼굴이 일그러지는데.

S #71 (N - 저녁 / 미러 지하 합주실 입구 앞)

세진 이봐요.

가는 여름을 잡아보는 세진.
여름, 돌아보자

세진 못 믿겠지만, 나는 정말,
여름 (꾹 참으며) 진심이었다고.
세진 (보면)
여름 (좀 냉정) 말해줄 건가요?
세진 (진심) 진심이었어요.

여름 아뇨.

세진 (보면)

여름 진심은요. 절대 그렇게 생기지 않았어요.

S #72 (N / 해준의 오피스텔 : 해준의 침실)
; 과거 * 여름 31세 / 해준 31세 (2011년 여름)

해준 야. 너는 무슨 애처럼 우냐?

해준의 침대에 걸터앉아
와아앙 아이처럼 울고 있는 여름을
해준이 달래주고 있다.

해준 다 커가지고. 어? (다정하게 눈물 닦아주는데)

여름, 와아아앙. 훌쩍훌쩍. 어린애같이 울기만 하는.

해준 아, 고만 울어. (질질 나오는 콧물 닦아주며) 아 드러. 진짜.

아이처럼 우는 여름이다.

S #73 (N - 저녁 / 미러 지하 합주실 입구 앞)

여름 (꾹꾹 참으며 말하는) 그건요. 되게 멀쩡하게 생겼어요. 이렇게. 따르다 만 물컵같이 생긴 게 아니더라구요. 그건요. (말하려다

가 못하고 인사한다)... 안녕히 계세요. (돌아서서 가버리는)

세진, 더 이상 잡을 수가 없다.
공허하게 쳐다보는데.

S #74 (N - 새벽 2시 30분 넘어 / 여름의 집 앞 좁은 골목길)

길 한가운데에 선 여름이
와아앙 어린아이처럼 울고 있다.

여름 (엉엉 울면서 해준을 부르는. 아이 같다) 해준아... 해준아... 해준... (풀썩 주저앉아 엉엉 우는데)

골목 한가운데 쭈그리고 앉아
들썩들썩 울고 있는 여름의 외로운 뒷모습.

점점 멀어지는데.

S #75 (D - 한낮 / 기내)

안내방송 흐르는 비행기에 탄 여름.

무심한 얼굴로 자기 자리 찾아 짐을 올려놓고 앉는다.
안전벨트를 하고 책을 펼쳐 드는데
곧 출발한다는 기내방송이 들리는.

그 말에 가만히 비행기 창밖을 내다보는데.

창밖엔 비행기 정비공들 두세 명이 일렬로 서서
출발하는 비행기를 향해 손을 흔들어주고 있다.

여름, 아련한 듯 그 모습 바라보다
저도 모르게 그들을 향해
안녕, 인사하듯 손을 흔들어주는데.

표정이 보이지는 않지만
그 사람들이 왠지 웃고 있을 것만 같아
여름 역시 손을 흔들며 희미하게 웃어 보인다.
비행기 창으로 들어오는 노란 햇살에
희미하게 번지는 여름의 미소.

고오오오 굉음을 내며
비행기가 출발한다.

S #76 (D - 한낮 / 고택 골목에서 지운의 집)

매미 소리 요란하게 울려 퍼지고
쨍쨍 해가 내리쬐는 한여름의 골목.
전통가옥들이 다닥다닥 붙어 있는 길이다.

곤충채집망을 든 아이, 양산을 쓰고 걷는 엄마.
여름 풍경 이어지다 한 고택에서 새어 나오는 소리.

뉴스 앵커 E / (여성 리포터. 작은 소리) 여름이 마지막 안간힘을 내고 있습니다. 며칠 동안 기록적인 폭염이 이어지고 있는데요. 연일 이어지는 폭염에 수산시장의 얼음 사용량은 두 달 새 세 배 가까이 늘었습니다.

그 집 너머로 들어가면 대청마루 있는 고택의 거실에
누군가가 틀어놓은 TV 소리가 옅게 나오는데.

뉴스 앵커 E / (여성 리포터. 작은 소리) 모처의 한 얼음 제조업체. 직원들이 트럭 가득 얼음을 실어 나르고 있습니다. 흔하게 여겼던 얼음이 폭염에 귀한 몸값이 되고 있군요.

부엌의 냉장고에서 문 열고 닫는 소리가 들리고
반바지에 헐렁한 티셔츠를 입은 지운이
냉동실에서 얼음 몇 개를 집어 입에 넣고 와그작와그작 씹으며
거실로 터턱 걸어 나온다.

거실 구석에 있는 선풍기를
발로 눌러 켠 뒤
그 앞에 털썩 앉아 선풍기 바람 맞으며
뉴스 소리를 듣는데

뉴스 앵커 E / (좀 커지다가 점점 작아지는. 남자 앵커) 다음 소식입니다. 미국의 한 아파트에서 우리나라 30대 여성이 사망 후, 3일 뒤에나 발견이 되었습니다.

얼음 다 먹고 선풍기에 얼굴 대고는 장난스럽게
입 벌린 채 '아아아아' 하고 있는 지운.

뉴스 앵커 E / (작아지다 사라지는. 남자 앵커) 현지 시각으로 오후 세 시쯤 발견된 여성의 사체는

그러다 뉴스에서 무슨 소리를 듣고
휙 TV 쪽을 보는 지운.

탈탈탈 돌아가는 선풍기 소리만 들리고.
순간 TV를 바라보며 멍- 해진 지운의 뒤통수.

S #77 (D - 한낮 / 현진의 은행)

은행 특유의 소음 속
"최현진 씨!" 부르는 지점장의 외침에도

인터넷으로 뭔가를 보고
뚝 멈춰 있는 현진의 얼굴.

라디오 뉴스 소리 E (여성 리포터) / 30도를 웃도는 폭염에 외출하기 겁나실 텐데요. 특히, 실외에서 작업하는 분들은 더 취약할 수밖에 없습니다.

S #78 (D - 한낮 / 올림픽대로 위 제훈의 차 안)

라디오 뉴스 소리 E (여성 리포터) / 이에 경기도가 폭염 피해를 예방코자 폭염 감시체계 운영에 들어갔습니다.

라디오를 틀어놓고 운전하는 제훈,
전화 진동 소리가 들리자 라디오를 끄고, 전화를 받는다.

제훈 어. 다정아. 내가 운전 중이라서... (뭔가 듣고, 어이없는) ...... 뭐?

멍하고 맥없이 전화를 끊는 제훈.
띵- 한데.

뭔가 생각난 듯 다급히 라디오를 켜자
라디오 뉴스가 이어 나오고 있다.

라디오 뉴스 소리 (남자 기자) E / 사망자는 한여름 씨로, 휴가차

확인하면 안 될 걸 확인한 듯
서둘러 라디오를 뚝 꺼버리는 제훈.
당황한 듯 빠르게 눈이 흔들리더니
갓길에 차를 세운다.

어디선가 Eric Clapton의 Layla가 들려온다.

[제발 우리에게 길이 없다고 말하진 말아줘요]

올림픽대로 갓길 위

깜빡깜빡 비상등 켜진 제훈의 자동차.

[그리고 내 사랑이 소용없는 거라고도 말하지 말아줘요]

그 옆을 아무렇지도 않게
쓱쓱 지나치는 차들.

[오, 레일라]

멀어지며.

- 제3회 끝 -

4 ; 여름의 시작

나는 내가 좋아요.

S #1 (D - 낮 / 지상파 라디오국 휴게실)

여자 PD O.S (자판기 커피 가져와 제훈 앞에 앉으며, 해외토픽이라도 되듯) 진짜야?

PD수첩 펼쳐놓고
프랜차이즈의 아메리카노를 마시고 있던 제훈, 대답을 않는.

여자 PD 한여름 죽은 거?
제훈 (약간 텀 둔 뒤. 말없이 커피 한잔 마시곤) 네.
여자 PD 그럼 자기네 작가는 어떡해? 거기 막내는 연차도 낮잖아. 당장 오늘 원고부터가 문제겠네.
제훈 (무덤덤) 일단, 여름 씨랑 친했던 그 장해원 작가가 도와준다고는 했어요.
여자 PD 좋겠다. 나였어봐. 완전 멘붕이었을 텐데. (약간의 시기 질투) 자긴 진짜 작가 복 많아.
제훈 (가만히 커피 마시는데)
여자 PD 근데... (이게 진짜 본론. 눈 반짝) 어떻게 죽은 거래?

대답하려는데
제훈의 휴대폰으로 전화가 온다.

[전부인 김아영]

여자 PD (흘끗 보고는 한마디. 비아냥) 대단하다. 그게 뭐냐? 이혼했다고 광고하는 거야? 누가 볼까 무섭지도 않아?
제훈 뭐가 무서워요. (수첩 챙겨 일어서며) 보라고 해놓은 건데. (다른 쪽으로 걸어가며 전화를 받는다. 냉정) 어. 왜.

여자 PD, 그런 제훈을 보며 '대단하셔.' 비아냥거리는 느낌으로 고개를 가로젓다가 후배 PD 지나는 걸 보고

여자 PD (빠르게 손짓하며) 혜진아! 혜진아! 한여름 작가 죽은 거 맞대.

"정말요?" "어. 웬일이래니?" "어떻게 죽은 거래요?"
여자 PD에게 다가오는 후배 PD.
둘이 수군수군거리는데.

저쪽에서 전화를 끊은 제훈에겐 바로 카톡이 온다.

지영 [오늘 녹음이에요? 생방이에요?]

제훈, 표정 없이 빠르게 답장하는.

[생방]
[끝나곤 괜찮은데]

지영에게 답장을 보내고 있는데
또 다른 카톡 알림을 보면 또 다른 여자.

효진 [오늘볼까?]

제훈, 또 빠르게 답장하는

[내일 보자. 내일 집으로 갈게]

효진과 지영에게 번갈아 카톡을 하며
사무실 쪽으로 저벅저벅 걸어가는 제훈.

S #2 (D - 오후 / 지운의 대기업 사옥 : 연구 1팀 사무실에서 사옥 정문까지)

지운 (차분한 어조, 기운 없게) 부장님.

지운의 사무실.
부장님 책상 앞.

부장 (자리에 앉아 서류 보며, 건성) 말씀하세요.
지운 (힘없는) 저 오늘 반차 좀 내겠습니다.
부장 ('대체 왜?' 하는 얼굴로 쳐다보자)
지운 (슬픈 듯 먹먹. 연기하는) 제가 어딜 좀 급하게 가봐야 돼서요.
부장 어디?
지운 (거짓말해야 돼서 눈 딴 데 보며) ... 여자친구 (헛기침 한 번 하고) ... 장례식장?
부장 김 대리 여자친구가 죽었어?
지운 아뇨. 예전에 만났던 친구 하나가...
부장 ('니가 거길 왜 가?' 하는 얼굴이면)
지운 (오바. 연기톤) 부장님. 부장님 정말 건조하시네요? 부장님 뉴스 안 보세요? 그 미국 아파트 총살?
부장 (아는 척) 아... 그거... 보긴 봤는데...

지운 (약간 울컥. 오바) 그게 제 여자친구였다고요, 부장님!

부장 ('아 그래? 그래서 뭐 어쩌라고?')

지운 (호소. 오바) 부장니임!

부장 (좀 짜증) 아. 왜에.

지운 (줄줄. 오바) 부장님은 첫사랑 같은 것도 없으신가요? 한때! 온몸을 다해! 뜨겁게 사랑했던!!

부장 (귀찮다) 가.

지운 정말요?

부장 ('귀찮아.' 손 휘이휘이 하며) 가. 가가가.

지운 (오바) 감사합니다. 부장님. (꾸벅 인사하는) 안녕히 계십쇼!

뒤돌아 사무실을 나오는 지운.
방금 전과는 다르게 '아싸.' 하는 표정이다.

혜리 (복도에 숨어 있다가 쏙 나와. 속닥) 성공?

지운 (씨익 웃으며, 주먹 쥐고 불끈) 예스.

혜리 뭐라고 했는데?

지운 (아무렇지도 않게) 한여름 죽었다고.

혜리 어우야. 아무리 그래도 그런 뻥을 치면 어떡해.

지운 (가면서) 뻥 아닌데?

혜리 (놀란 토끼 눈) 진짜?

지운 (아무렇지도 않게) 어. 죽었드라.

혜리 (말도 안 돼) 에이.

지운 (무덤덤) 진짜야.

혜리 정말? 어떻게 죽었어? 왜?

지운 (시큰둥) 몰라. 뉴스에도 나왔어.

혜리 웬일이야.

지운　　(무덤) 그르게.

사옥 현관 쪽으로 걸어가는 두 사람.

혜리　　근데 자긴 안 슬퍼?

지운　　(정말 모르겠어서) 글쎄.

혜리　　(안 슬프다니까 괜히 더 좋아서) 어우. 너무한 거 아니야? 그래도 전 여친인데.

지운　　(상관도 없다) 뭐 먹지? 아, 어디 갈까? 응? 어?

혜리　　(기분 좋아 지운이 말투 따라 하는) 글쎄에~?

햇빛이 쏟아지는 사옥 밖으로 문을 열고 나서는 두 사람.
햇살이 노오랗다.

S #3　　(N / 미러 지하 합주실 : 세진의 개인 작업실)

신디사이저 앞에 앉아
노오란 조명을 뚫어지게 보고 있는 세진.
잠시 여름의 웃음소리가 들린 것도 같다.

저 옆에 던져놓은 휴대폰을 잠시 보다
신디사이저 반주를 켜는데 크고 시끄러운 반주를 골라 튼다.

귀가 뻥- 뻥- 터질 것 같은데도
아무렇지도 않은 표정으로
반주에 맞춰 화음을 대충 넣어보는 세진.

왠지 신경질적이다.

마치 그게 세진의 기분이라도 되는 것처럼.

S #4 (N - 밤 / 시내 호프집)

시끄러운 음악이 쿵쿵 나오는 호프집 한가운데.

지용 (맥주 한잔하고) 야. 넌 진짜 아무렇지도 않냐.

회사 끝나고 시내 호프집에서 한잔하는 지용과 현진.

현진 (앞에 있는 마른안주 중 오징어 씹으며) 그럼 울어?
지용 야. 그래도 사람이 죽었어.
현진 (무심히 마른안주 씹는데)
지용 게다가 첫사랑.
현진 (질겅질겅 씹으며, 혼잣말하듯) 첫사랑 같은 소리 하고 자빠졌네.
지용 와. 난 기분이 좀 이상하던데. (맥주 한 모금)
현진 (무상관) 고등학교 때 만났던 애다. 얼굴도 가물가물해.
지용 아니. 그래도 그렇게 좋아해놓구서.
현진 야. 내가 진짜 좋아했었던 애는 김지은이었지. 기억 안 나? 음대 여신 김지은?
지용 아... 걔... (기억난다) 이뻤는데.
현진 (생각만 해도 뿌듯. 웃으며) 그치.
지용 걔는 아직도 이쁘겠지? 하긴. 이쁜 애들은 나중에 봐도 이쁘기만 하드라.

현진 확 망가지는 애들도 있긴 있어.

지용 누구. 누가?

투닥이는 둘 뒤로
배경으로 들리던 음악이 점점 더 커지는데.

S #5 (N – 새벽 12시 30분쯤 / 라디오 생방송 스튜디오 : 내부 스튜디오)

그 음악이 점점 끝나가자

DJ 꽤 시끄러운데요?

해준 ('그런가?' 하듯 웃자)

DJ 이런 새벽에 이런 노래, 역시 취향이 좀 남다르신 것 같아요.

해준 새벽이라고 이런 노래가 어울리지 않다고 생각하는 건, 선입견일 수도 있죠. (웃는데)

S #6 (N – 새벽 12시 30분쯤 / 라디오 생방송 스튜디오)

다정 (컴퓨터 앞에 앉아) 우와. 말 잘행.

밖에서 해준이 방송하는 걸 보며
한마디 하는 다정과

그런 다정 옆에서
DJ와 편안하게 이야기 나누는 해준을 흘끔 보는 해원.

S #7 (N - 새벽 12시 55분쯤 / 라디오 생방송 스튜디오)

다정 (벌떡 일어나며) 수고하셨습니당!

생방송 내부 스튜디오의 문이 열리고 해준이 나온다.
제훈도 "수고하셨어요. 말씀 잘 하시던데요?" 인사하자
해준, 웃으며 응대하곤
고개 꾸벅 숙이고 나가려다 잠시 멈칫.

다정 (바로 포착하고 잽싸게 달려가서) 왜요? 왜요? 뭐 필요한 거 있으세요? (기대하는 마음) 뭐 궁금한 거 있으신 거예요? 네?
해준 저기.

해원, 제훈, 다정 모두
'뭐지?' 지켜보자

해준 아뇨. (잠시 망설이다) ... 아닙니다. (꾸벅 목례하고 나간다)
다정 (시무룩하니 털털 컴퓨터 쪽으로 오며) 아. 뭐야. 전번이라도 주는 줄 알았더니. 아이씨. 진짜.
제훈 ('별거 아니었네.' 엔지니어에게) 다음엔 1번 올려주시면 돼요.

사이 해원은 뭔가
'어쩌지. 어쩔까.' 망설이는 얼굴인데.

S #8　(N – 새벽 1시 반쯤 / 해준의 오피스텔 : 현관)

쾅! 문이 닫히고 집으로 돌아온 해준.

들어가려다
잠시
예전에 떠난 여름을 바라보던,
자신이 서 있었던 그 자리를 쳐다본다.

정적이 흐르다
곧 차 키를 현관 옆 콘솔 위에 올려두고
침실로 쾅. 들어가는 해준.

해준이 서 있었던 거실의 그 자리가
참
물끄럽다.

S #9　(N / 지상파 라디오국 사무실 내 작가실)

후배 작가　**자살이라는 얘긴 또 뭐야?**

작가실에서
다들 여름이의 죽음으로 수다 삼매경이다.

동기 작가 (일하면서. 가십처럼) 어. 그런 말이 있더라구.

후배 작가 헐.

동기 작가 (의자 돌려서 본격적으로 이야기하는) 너무 이상하잖아. 휴가 차 언니네 집에 가 있다가 총 맞아 죽은 게... 말이 돼?

후배 작가 (동기 작가에게) 총을 맞았대요, 언니? 대에박.

다정 ('나는 다 알아.' 느낌) 맞아. 총을 맞았지.

후배 작가 진짜? (다정에게 달려드는) 누가 쏜 건데? 누가 왜 쏜 건데에.

다정 (다 알아) 뭐, 뉴스에선 강도라고 하는데. 것도 좀 이상하구.

후배 작가 (헐) 강도오?

동기 작가 (고개 절레) 어우. 진짜 세상 무섭지 않니?

다정 (동기 작가에게) 근데 아직도 범인을 못 잡았대잖아요. 강도의 소행인지도 확실치 않다는 거죠. 뭔가, 느낌적인 느낌이 이상한 거죠.

후배 작가 그럼. 뭐야. (목소리 확 낮춰서) ... 진짜 자살이라는 거야?

동기 작가 근데, 여름이가 우울증 같은 게 있었나?

다정 (신났다) 언니. 그 언니 우울증 직전이었잖아요. 하루에도 열두 번씩 기분이 왔다 갔다. 어우. 게다가 보통 시니컬해요? 완벽주의에다가. (고개 절레절레 흔들며) 피곤해. 피곤해. 서른일곱이나 먹고 연애도 못하고, 결혼도 못하고. 언니, 그건요, 그냥 딱 봐도 우울한 인생 아니에요?

동기 작가 그래두 여름이 정도면 좀 반반하지 않나? 남자들이 좀 좋아했었잖아.

다정 (비웃는) 언니. 서른일곱이 반반하면 뭐해요? 완전 철 지난 노땅인데. 언니는 결혼을 했잖아요. 결혼을 안 하면요. 여름 언니처럼 히스테리, 히스테리. (나 너무 힘들었잖아~) 아우. 우리 팀 그거 때문에 진짜 힘들었잖아요. 그러니까 본인은 또 얼마나 힘들었겠냐고. (얄미움의 극치) 자살할 수도 있지, 뭐. 안 그래요?

후배 작가, 동기 작가가 '그런가...' 하는 얼굴로
다정을 보고 있는데

해원 O.S　니들은 앉아서 원고 대신 소설을 쓰고 있구나.

셋, 돌아보니 대선배 해원이 서 있다.

헉.
다정이 가장 겁에 질린 표정으로
제일 먼저 컴퓨터를 하는 척하는데.

해원　사람이 죽은 게 그렇게 우습고 (약간 울컥) ... 재밌니?

동기 작가가 작은 목소리로
"죄송합니다." 한 뒤 머뭇머뭇 일을 하고
후배 작가는 일어나 고개를 푸욱 숙인 채 작가실을 빠져나간다.

해원의 처연한 표정.

S #10　(D - 오후 / 방송국 앞 아이스크림 집 : 야외)
; 1회 S #61, 3회 S #55 연결

여름 O.S　왜에. 난 우습고 재밌으면 좋겠는데.

방송국 앞 아이스크림 집 야외 철제 의자에 나란히 앉아

아이스크림을 먹고 있는 해원과 여름.

해원　장례식이?
여름　응. 외국에선 장례식이 유쾌하대. 그 사람 좋은 곳으로 가라고 보내주는 의미가 있어서 다들 웃고 즐긴대.
해원　(이해 안 돼, 아이스크림 한입 먹으며) 조따 쿨하다.
여름　내 장례식도 그랬으면 좋겠어. (활짝 웃으며, 손 팔랑팔랑 흔들며) 안녕! 잘 가세요!! 가서 행복하세요!! 한여름 양!!
해원　(손까지 흔드는 여름이를 창피한 듯 보며) 헐. 너 좀 이상해.
여름　(뭔가 대단한 걸 말하려는 듯) 그리구, 내 장례식에는.
해원　(아이스크림 먹으면서 쳐다보면)
여름　내가 만났던 남자들이 다 와줬으면 좋겠어, 언니.
해원　뭐?
여름　결혼식엔 못 오니깐 장례식에라도 와주면 얼마나 좋냐?
해원　(잰 미쳤어. 절레절레) 사람이 곱게 늙는 게 중요하다니깐? 나처럼.
여름　엄청 빛났었던 것 같은데 (약간 시무룩) 단숨에 초라해졌어.
해원　(가만히 아이스크림 먹고 있으면)
여름　(쓸쓸) 꼭 누가 불 끄고 가버린 것 같애.
해원　(세진이 얘기인 것 같아) 됐어. 그럴 수도 있지. 남자는 또 만나진다?
여름　분명... 사방이 빛이었던 한때도 있었던 것 같은데.

S #11　(N – 밤 / 홍대 작은 호프집)

남 게스트　아, 한 작가님은 나이가 어떻게 되세요?

회식 자리.

남자 게스트 하나가 여름을 호감 있게 바라보며 묻자

다정 (대신 대답. 랩 하는 줄) 이 언니 서른일곱이요. 서른일곱. 저는 스물다섯이에용. 저는.

남 게스트 (나이에 확 굳어지는) 아... 서른... 일곱이요?!

여름, '그래. 너도 다 그렇지 뭐.' 하는 느낌으로

앞에 있는 맥주 한 모금 벌컥 마시는데.

S #12 (D - 오후 / 방송국 앞 아이스크림 집 : 야외)

해원 야. 난 서른아홉이야. 죽으라는 거냐?

여름 그러지 말구 내가 먼저 죽으면 언니가 좀 불러줘. 내 구 남친들.

해원 어우 미친년. 불러서 뭐할 건데. 귀신으로 나타나서 복수라도 하실라고?

여름 고맙습니다.

해원 ('엉?' 쳐다보면)

여름 이렇게 별거 아닌 나를. 한때라도 빛나게 해준 당신. (해원 보면서 웃으며) 감사합니다.

해원 (약간 짠해지는데)

여름 김지운 군은 나한테 꿔갔던 6만 원. 지금이라도 갚으십쇼.

서로 웃는 둘.

두 사람 뒤로 쏟아지는 햇빛.

그 아래 반짝이며 웃는 여름의 얼굴.

S #13 (D - 오후 / 해준의 오피스텔)
; 1회 S #12, 1회 S #14 연결

소이 **오빠. 오빠 나를.**

해준, 그런 소이를 가만 보는데.

소이 **(커다란 눈에 어느새 눈물이 가득 담겨) ... 사랑하긴 해요?**

그 질문을 하는 소이를 바라보는 해준, 차갑다.
곧 볼 것도 없다는 듯 현관문을 쾅! 닫아버리고
저벅저벅 거실의 냉장고 쪽으로 걸어와
냉장고 문을 팍 여는데.

S #14 (D - 오후 / 해준의 오피스텔)
; 1회 S #13 연결
; 과거 * 여름 31세 / 해준 31세 (2011년 여름)

해준 **결혼하자, 우리.**

냉장고 앞에 서 있던 여름이
해준의 말에
해준이 앉아 있는 소파를 물끄러미 바라본다.

해준 (그런 말 해놓고 태연하게 음악잡지만 넘기며) 왜. 당황스러워?

여름 (냉장고에서 꺼낸 작은 페트병에 담긴 물 한 모금 마시곤) ... 조금.

해준 (대수롭지 않은 듯 계속 잡지 보며) 언제 할까.

여름 (대답 없이 가만히 해준을 바라만 보는데)

해준 (대답 없자 고개 들고 바라보며, 살짝 웃으며) 왜.

여름 (결심, 말해야겠다) 해준아. 나.

해준 (쳐다보면)

여름 결혼 안 해.

해준 (표정이 순식간에 변하는데)

여름 (쐐기) 너랑은.

해준, 약간 멍한 듯 여름을 보는데.

여름 나 욕심 많은 거 알잖아. 난 편하게 살고 싶어.

해준 (이해가 안 돼) 내가 널 불편하게 만들 것 같아?

여름 (고개 한 번 도리)

해준 그럼.

여름 (조곤) 둘 다 불안정한 직업에 둘 다 평범한 집안의 아들딸. 둘 다 현재 가진 돈은 1억도 안 돼. 그래도 물론 불편하진 않을 거야.

해준 (차가워진 얼굴로 보고 있으면)

여름 하지만 난 욕심이 많잖아. 그보다 더... 내 삶이 나았으면 좋겠어. 그래서 아마.

해준 (눈길 거두지 않고 보고 있으면)

여름 니 옆에서 평생 불행할 거야. 그래도

해준 (결국 그런 말이구나. 보면)

여름 ... 괜찮아?

해준 하나 묻자. 한여름. 넌,

여름, 쳐다보면

해준 날 사랑하긴 해?

그 말에 해준을 슬픈 듯 바라보는 여름.

S #15 (D - 오후 / 해준의 오피스텔)

쾅! 냉장고 문을 닫고
안에서 꺼낸 작은 페트병의 물을
벌컥벌컥 마시는 해준.

S #16 (N - 저녁 / 고급 레스토랑)
; 1회 S #9, 1회 S #11 연결

현진 (먹으려다 말고 그 모습을 지켜보면서, 혼잣말하듯) ... 첫사랑.
소개팅녀 (앞에 있는 와인 예쁘게 한 모금 하며) 왜, 남자들은 첫사랑을 못 잊는다고 하잖아요. 평생 가슴에 담아둔다고.
현진 (원래대로 의자에 기대앉으며, 시니컬) 전 첫사랑 없는데요?
소개팅녀 ('??' 하는 얼굴로 현진을 바라보는데)

현진, 생각난다.

S #17 (N - 저녁 어스름 / 여름·현진의 고등학교 근처 길)
; 3회 S #48 연결
; 과거 * 여름 18세 / 현진 19세 (1998년 여름)

교복 입은 고등학생 현진과 지용이
학교가 끝나고 버스 정류장 쪽으로 걷고 있는데.

지용 야! 최현진! 저거 한여름이 아니냐?

버스 정류장 근처의 햄버거 가게에서
고등학생 여름과 남학생 한 명이 마주 앉아 햄버거 먹고 있다.

지용 니 여자친구 지금 저기서 뭐하고 있냐?

뭐가 웃기는지 남학생을 보며
깔깔깔 박장대소하는 여름.

지용 근데 걔 오늘 독서실 간다고 하지 않았어?

햄버거도 와그작 잘도 먹고 있다.

지용 근데 걔 햄버거도 못 먹는다고 하지 않았었냐?

그 모습을 배신당한 얼굴로 바라보는 현진.

지용 (넘어갈 듯 웃고 있는 여름을 보며) 그보다 나 걔 저렇게 웃는 건 또 처음 보네?

현진, 확 짜증 난 얼굴로 앞서 가버린다.

지용 야, 최현진! 같이 가! 화났냐?

S #18 (N - 저녁 / 고급 레스토랑)
; 1회 S #11 연결

현진 (조소) 그게 무슨 사랑이에요.

소개팅녀, 잘 이해가 되지 않는다는 얼굴로
현진을 보는데

현진 (자세 고쳐 앉으며, 덤덤하게) 그냥 찧고 까분 거지.

소개팅녀, 약간 황당한 얼굴로 현진을 보는데
수줍은 소년의 얼굴은 어디로 가고 피식 웃고 있다.

S #19 (D - 오후 / 지운의 대기업 사옥 옥상)
; 1회 S #6, 1회 S #8 연결

혜리 (펄펄) 술 처먹고 전화기 또 꺼놓은 건 너야!

지운, 펄펄 뛰는 혜리를 쳐다보는데

지겨워 죽겠다는 얼굴이다.

혜리 (짜증짜증) 대답해봐! 잘했어, 잘못했어?
지운 (짜증스럽게 보자)
혜리 아, 대답해보라고!
지운 (한숨 짧게 쉬고는, 귀찮다는 듯) 그냥.
혜리 (씩씩 쳐다보자)
지운 헤어지자.
혜리 뭐?
지운 (어느새 차가워져버린) 헤어지자고. 그냥.
혜리 (짜증 나서 소리 꽥) 야, 김지운.
지운 (폭발) 그렇게 좀 부르지 말라고!

혜리, '별것도 아닌 거에 왜 폭발이야.' 하는 얼굴로
지운을 바라보는데.

여름 O.S 야. 김지운!

S #20 (D - 한낮 / 여름·지운의 대학 캠퍼스 : 강의실 복도)
; 3회 S #64 바로 뒷 상황
; 과거 * 여름 23세 / 지운 21세 (2003년 여름)

득달같이 지운을 따라나와 소리치는 여름이다.
지운, 무시하고 가버리는데.

여름 (소리) 야아!

지운 (툭 멈춰 선다)

여름 (씩씩 쳐다보고 있자)

지운 (돌아서서. 차분하게) 너 미쳤냐? 진짜 돌았어?

여름 (여전히 흥분한 채. 따발총) 미친 건 내가 아니라 너거든? 술 마시고 잠수를 왜 타는데? 그럴 거면 휴대폰은 왜 들고 다니냐고! 내가 전화를 얼마나 했는 줄 알아?

지운 (지겹다. 한숨 쉬고. 점점 흥분) 한두 시간 연락 안 됐다고 죽어? 야. 그만 좀 볶아. 내가 니 아들이냐? 아들이냐고!!

여름 (꽥) 아들이면 어쩔 건데!! (씩씩 노려보자)

지운 (차분) 너 진짜 사람 질리게 해. 알아?

여름 (아주 죽일 듯 달려드는 말투) 그래서 뭐! 그래서 뭐! 그래서 뭐!

지운 헤어져.

여름 (그건 생각 못했다. '뭐?' 쳐다보면)

지운 (진심) 헤어지자고.

돌아서는 지운.
빠르게 걸어가는데.

여름 (여전히 떽떽) 야!! 김지운! 나 아직 안 끝났거든?

S #21 (D - 오후 / 지운의 대기업 사옥 옥상)

혜리 (차분) 넌 안 되겠다.

지운 (가만히 쳐다보자)

혜리 (수긍하는. 내가 졌다) 알았어... 헤어져.

탕! 옥상을 내려가버리는 혜리.

허탈한 듯 혜리가 간 자리 보다가

지운 (단말마, 짜증) 아이씨!

속상한 듯한 지운의 표정.

S #22 (N - 밤 / 지상파 라디오국 사무실)
; 1회 S #5 연결

해원 (제훈이 말을 안 하자, 부드럽게) 혹시... 화나셨어요?
제훈 (정신 드는, 쿨) 아뇨. 일리 있는 말이네요. 브루클린 라디오 정도 생각하고 있었어요.
해원 (좀 더 미소 지으며) 아. 그럼 10센치나 장미여관 정도 알아볼게요.
제훈 좋네요.

해원, 말 다 하고 가볍게 목례한 뒤 돌아간다.
그런 해원의 뒷모습 잠시 보는 제훈의 얼굴.
보다가 다시 CD꽂이 쪽으로 시선을 돌리고
좀 짜증스럽게 CD를 찾는데.

CD들 사이에 빼꼼 나와 있는 봉투 하나.
꺼내보니

[여름 씨에게]

생각나는 제훈이다.

제훈 O.S 참. 한여름 씨.

여름 O.S 네?

S #23 (N / 지상파 라디오국 사무실)
; 3회 S #53 연결

웃으며 돌아본 여름에게

제훈 휴가 때. (책상 앞으로 가 서랍 열어 봉투 하나 꺼내 여름에게 건네주며) 이걸로 점심이나 한 끼 사 먹어요.

여름, 받지는 않고 그 봉투를 빠끔 바라만 보고 있자

제훈 (봉투 한 번 더 흔들며) 뭐해요.

여름 (잠시 생각하다 봉투 보면서) ... 오제훈 PD님.

제훈 ('응?' 하는 얼굴로 보자)

여름 (제훈을 보면서) 이건 아니죠.

제훈 (여전히 '뭐가 아닌데?' 하는 얼굴이자)

여름 사귀는 사이다. 친구 사이다. 일하는 사이다.

제훈 ('그게 왜?' 하는 얼굴이면)

여름 그중에 하나 고르셨잖아요, 오제훈 씨가. 일만 하자고.

제훈　(내가 그랬긴 했어. 그게 왜?)

여름　그럼 작가가 여행을 가건 말건 휴가를 내건 말건. PD로서 할 일만 생각하시면 되는 거예요. 제 생각엔, 그중 하나가... 작가의 점심 값을 챙기는 일이라고 생각하지 않습니다.

제훈　지금껏 일했던 작가들한테도 다 챙겼던 거예요.

여름　지금껏 일했던 작가들과도 다 키스를 하셨나요?

제훈　(멍- 한 얼굴이면)

여름　(한숨 고르고 말하기 시작) 제가요. 주제넘게 그쪽한테 충고 하나만 하자면요. 오제훈 씨 인생이 어떻게 굴러가는지 저는 도통 모르겠지만, 저는요. (힘들게 얘기 꺼내듯이, 하지만 담담) ...... 외로워요.

S #24　(N - 새벽 2시 넘어 / 방송국 근처 길)

퇴근길. 걷고 있는 여름 옆으로 쓱 나타나
주변 한 번 보고는 자연스럽게 손을 잡는 세진.

여름 E /　외로워서

얼굴이 빨개지는 여름인데.

S #25　(N / 지상파 라디오국 사무실)

여름　누가 내 이름 한 번만 불러줘도 울컥하고, 밥 먹었냐는 흔한 안부 인사에도 따뜻해져요. 스치기만 해도 움찔하고, 마주 보기만 해도 뜨끔하고, 그러다 떠나버리면 말도 못하게 시려요.

S #26 (N / 미러 지하 합주실 : 세진의 개인 작업실)

음성사서함 E / 지금 거신 번호는 고객님의 사정으로 사용이 중지

여름에게 전화를 걸었던 세진.
중단된 번호라는 것에 화가 난다.
픽! 휴대폰을 바닥에 던져버리는데.

S #27 (N / 지상파 라디오국 사무실)

여름 그런 저한테 이런 식의 쓸데없는 친절은 베풀 필요 없다는 얘기에요. 그쪽이, 한 번 실패한 뒤 그 무엇도 가지려 들지 않는다는 건 저도 잘 알고 있는데요. 저는 잘 이해가 안 돼요. 왜,

S #28 (N / 미러 지하 합주실 : 세진의 개인 작업실)

신디사이저 앞에서
벌컥 일어난 세진.

여름 E / 그 실패를 나아가는 성장판으론 삼지 않는 거예요?

떨어진 휴대폰은 줍지도 않은 채

화난 듯 저벅저벅 작업실을 나가려는데
마침 들어오는 래희.
세진, 래희를 싸늘하게 쳐다보는데.

래희 그 여자는 장난이었어. 그치?

세진 (멈춰 있는데)

래희 알아. 그래서 나는 기다릴 수 있어.

세진 (쳐다보면)

래희 그러니깐 너는 지금까지 그랬던 것처럼. 그냥 나한테 다시 돌아오기만 하면 돼, 세진아.

세진 (보자)

래희 나는 절대로 변하지 않으니깐.

세진 (보자)

래희 너도 그래. 내가 알아. 너도 절대로 변하지 않을 거야. 그래서 내가 필요해. 그치, 유세진?

뭔가 말하려는 세진이다.

여름 E / 전요. 어릴 때 잠깐 만났던 선배를 통해선

S #29 (N / 지상파 라디오국 사무실)

여름 마음을 감추고 내숭만 떨면 누구도 내 진심을 몰라준다는 걸 배웠구요. 스무 살 즈음 지겹게 싸워댔던 남자친구한테선 헤어지자는 말을 함부로 해선 안 된다는 걸 배웠어요. 그리고 가장 오래 만났던 남자한테선 내 욕심 때문에 상대방의 진심을 짓밟

으면 벌을 받는다는 것도 깨달았어요. 그 외에도, 비 오는 날 들으면 좋은 음악은 무엇인지, 와인은 어떤 게 비싸고 맛있는지, 심지어 맥주를 저장하기 좋은 온도, 티셔츠 예쁜 핏, 그런 거까지 전부, 전부 다, 내 지난 연애에서 배워왔어요. 나한테 연애는 좋았건, 싫었건, 단 한 번도 허투룬 적이 없었는데. 왜 당신은... 심지어 나보다 나이도 많고, 결혼도 해본 당신은, 나아진 게 단 하나도 없는 거죠?

제훈, 뜨끔한 얼굴로
여름을 쳐다보면.

여름　그리고 지금 (제훈이 손에 든 봉투를 보며) 그 봉투로 깨달은 건. 나 진짜... (허무한 듯, 혼잣말하듯 빠르게) 그쪽한테 아무것도 아니었구나.

획 돌아서 가버리는 여름.
그걸 가만히 바라보는 제훈의 얼굴은
꼭 누군가한테 맞은 얼굴 같다.

S #30　(N - 밤 / 지상파 라디오국 사무실)

봉투를 다시 CD꽂이에 퍽퍽 꽂아 넣는 제훈.
한숨 훅 쉬고 머릿속에 들어오지도 않는 업무를 본다.

S #31　(D - 오후 / 미국의 스튜디오형 아파트 거실)

우두두두 비가 오는 창밖.

비 오는 창문에 얼굴을 찰싹 붙인 여름이
창밖의 비를 바라보고 있다.

그러다 곧 털털 걸어
거실 한쪽에 있는 오디오 쪽으로 가
오디오 위에 있는 미카의 CD를 꺼내
(The Boy Who Knew Too Much)
얹고 플레이하는.

버튼 쭉쭉 눌러 9번 트랙에서 멈추자
MIKA의 By The Time이 흐른다.
스피커 볼륨 좀 키우고 무심히 CD 케이스 재킷을 꺼내보는데
툭 떨어지는 앨범의 속지.

주워 드니 음반의 칼럼이 적혀 있는 종이.
눈으로 칼럼을 빠르게 읽는데
마지막에 **[팝 칼럼니스트 박해준]**이라 적혀 있다.

덤덤하게 CD 케이스를 오디오 위에 올려놓고
화장실 쪽으로 걸어가는 여름.
화장실에 뭔가 부스럭거리고 있는데
가스레인지 위 포트에서 부– 물 끓는 소리가 들려
카메라 비추고 있는 오디오 앞을 휙 지나쳐
부엌 쪽으로 뛰어가 가스레인지를 끄고

달그락 찻잔을 꺼내는 여름.

조르륵 뜨거운 물 따르는 소리가 들린다.
카메라는 오디오 앞에 머물러 있는데
마침 차임벨이 울리고
여름, '누구지? 언니가 벌써 왔나?' 하는 얼굴로
오디오 쪽 앞 지나 현관 쪽으로 걸어가
삐걱 문 여는 소리 들리자마자

탕.
탕.

총소리와 함께 털썩 쓰러지는 소리.

카메라는 여전히 MIKA의 By The Time이 흐르는
오디오 앞에 머물러 있다.
노래는 아직 끝나지도 않았다.

빗소리가 왠지 더 커진다.

S #32 (D - 오후 / 고등학교 앞 버스 정류장)
; 1회 S #10 연결
; 과거 * 여름 18세 / 현진 19세 (1998년 여름)

비 오는 오후.
버스 정류장에 서 있는 여름,

우산을 들고 어딘가를 흘끔흘끔 훔쳐보고 있다.
보면 고등학생 현신.

현진을 훔쳐보다
주머니의 손거울 꺼내 재빠르게 머리카락 매만지는 여름.
그리고 다시 훔쳐보려는데
어라? 현진이 없다. 어디로 갔지?
주변을 휘휘 보는데
여름의 우산 속으로 현진이 쏙 들어와

현진　**나도 같이 좀 쓰자.**
여름　**('네?' 하는 얼굴로 현진을 돌아보는데)**

현진, 활짝 웃는.
발그레해지는 여름의 얼굴.

S #33　(D - 시간 경과 / 미국의 스튜디오형 아파트 거실)

힘겹게 숨 쉬고 있는 여름과
계속 돌아가고 있는 MIKA의 2집 앨범.

옆으로 쓰러져 있는 여름은
타들어가는 고통에 죽을 것 같은데
아프다고 몸을 움직일 힘조차 없다.

숨만 쉬고 있다.

S #34 (D - 오후 / 고등학교 앞 버스 정류장)
; 과거 * 여름 18세 / 현진 19세 (1998년 여름)

현진 근데 넌 집이 어디야?
여름 (수줍어하는) 아...

S #35 (D - 오후 / 미국의 스튜디오형 아파트 거실)

힘겹게 눈을 떠
살짝 열린 아파트 문 사이로
계단을 바라보는 여름.
자꾸 눈이 감기는데.

S #36 (N - 저녁 무렵 / 지상파 방송국 앞 현관)

비가 쏟아지는 저녁 무렵

사람들 모두 우산을 쓰고 가는데
우산 없이 난감한 듯 비를 바라보고 있는 여름이다.

그때 여름의 바로 앞으로
보란 듯이 오제훈의 차가 물보라를 튀기며 지나는데
옆에 여자가 앉아 있다.

오제훈도 웃고, 여자도 웃고 있다.

여름, 허무한 듯 보다가
한숨 푹 쉬고 뛰기 시작한다.

쏟아지는 비를 맞으며 택시를 잡으려는 여름.

S #37 (D - 오후 / 미국의 스튜디오형 아파트 거실)

여름, 다시 눈을 뜨는데
힘겹게 숨을 쉬며 저 앞의 계단을 바라본다.
그사이에 더 희미해진.

S #38 (D - 낮 / 여름의 아파트)
; 과거 * 여름 23세 / 지운 21세 (2003년 여름)

딩동. 딩동
급하게 누르는 차임벨 소리에 여름이 현관문을 열자
땀에 흠뻑 젖은 지운이 서 있다.

여름 (어이없어) ... 너 시험 있다고 하지 않았어?
지운 (헉헉거리며) 어. 근데.
여름 ('근데. 뭐.' 보자)
지운 (해사하게 웃으며) 니가 너무 보고 싶어서.
여름 ('뭐?' 쳐다보자)

지운 안 보면 죽을 것 같아서.

여름 (너무나도 어이없다는 표정인데)

지운이는 활짝 웃기만 한다.

S #39 (D - 오후 / 미국의 스튜디오형 아파트 거실)

앞을 바라보고 있는 여름.
울 것 같은 얼굴이다.

여름 E / 언니.

S #40 (D - 오후 / 방송국 앞 아이스크림 집 : 야외)
; 1회 S #61 바로 이어지는

여름 난, 지금의 내가 너무 거지 같아서.

안타까운 해원의 얼굴.

S #41 (D - 오후 / 미국의 스튜디오형 아파트 거실)

여름, '누군가. 제발 와서 나를 구해줘.'
하는 느낌으로 계단을 바라보고 있는데

여름 E / 누군가한테 사랑받았던 그 언젠가의 일들이 전부.

저 계단 너머에서 누군가 턱턱 걸어 올라온다.
점점 뚜렷해지는 얼굴은
해준.

해준이 웃으며 계단을 올라오고 있다.

해준의 환영에 눈물이 나는 여름.

여름 E / ...... 꿈같아.

더 보고 싶은데
너무너무 보고 싶은데
눈꺼풀이 무거워서 눈을 감는다.

눈을 감은 여름은
다신 눈을 뜨지 못한다.

[잠시라도 너에게]

MIKA의 2집 앨범 소리도 점점 옅어지고.

[떠오르는 사람이고 싶었는데]

여름 주위에 물드는
새빨간 피.

S #42 (D - 오후 / 여름의 방)
; 1회 S #1 연결

한낮의 햇살이 비쳐 들어오는 여름의 방 창가.

분주하게 출근 준비하던 여름이
하늘거리는 원피스를 입다 말고 뚝 멈춰서
자신의 얼굴을 바라보고 있다.
초라한 나체를 들킨 듯한 표정으로.

곧 원피스에 몸을 쑤셔 넣고
핸드백과 노트북 케이스를 집어
빠르게 방을 빠져나가는 여름.

쿵. 문이 닫힌다.

S #43 (D - 낮 / 도로 한복판 : 여름의 차 안)
; 1회 S #18 연결

차를 운전해 회사로 가는 길.
징. 문자가 와서 흘끔 보니

엄마 [내일 약속 잡아놨으니 나가기만 하면 돼]

여름, 짜증 난다는 표정으로
전화를 들어 엄마에게 전화를 거는데.

그때 갑자기 여름 앞으로 훅 끼어드는 차.
여름, 미처 피하지 못하고
끼이이익 쿵! 앞차를 살짝 박는다.

깜짝 놀라 휴대폰 던져놓고 서둘러 차에서 내리자

앞차 남자 아, 이 아줌마가!!!!

문 쾅 닫고 나와
무작정 여름에게 화를 내는 앞차 남자다.
여름, 미안하긴 하지만 다짜고짜
자신에게 아줌마라 하는 남자를 황당한 듯 바라보는데.

S #44 (D - 오후 / 5성급 호텔 커피숍)
; 1회 S #17 연결

맞선남 (앞에 있는 커피 마시며) 근데 방송작가면 연예인들도 많이 보겠네요?

여름 (쳐다보자)

맞선남 누가 제일 예뻐요? 아. 저는 설현이 그렇게 좋드라구요. 아니, 뭐. 어려서 좋아하는 건 아니고. 아까 말씀드렸다시피 저는 아무래도 (작게) 속궁합 같은 게 중요해서요. (민망한지 크게 웃는) 하하하하!!! 혹시 설현 본 적 있으세요? 어때요? 예쁘나? 싸인 하나 받아다 줄 수 있나? (또 민망해서 크게 웃는) 하하하! 아니, 뭐 꼭 받아달라는 건 아니고.

여름, 맞선남을
완전히 어이없다는 듯 쳐다보는데.

S #45 (D - 낮 / 여름의 집 앞 좁은 골목길)
; 1회 S #19 연결

골목을 걷다가
손으로 이마를 가린 채
여름 햇살을 바라보고 있는 여름.

잠시 바라보다
터덕터덕 골목을 다시 걷는다.
쓱 이마의 땀을 닦는데 '아. 덥다.'

매미 소리 들리는 녹음 풍성한 골목을
힘없이 걷고 있는 여름인데
전화가 온다.

휴대폰을 귀에 대는데
받자마자 뭔가 폭탄처럼 우르르 쏟아지는 잔소리.
여름, 가다가 뚝 멈추는.

여름 엄마. (처음엔 차분하지만, 점점 흥분하는) 내가 뭘 해. 나 아무것도 안 했어. 그냥 그 사람이 말하는 거 다 듣고. 알겠다고 하고만 나온 거야. (뭘 듣고) 내가 그 사람한테 욕을 했니. 물을 뿌렸니. 뺨을 쳤니. 나 정말 아무것도 안 했다니깐? (뭔가 듣고, 완전 폭발) 아, 그럼 무슨 말을 해! 어린 여자가 더 좋다는데! 그러면서 뭐래는 줄 알아? 속궁합은 늙은 여자가 더 좋댄다. 내가 그런 개새끼한테 아이고, 그래요? 저는 늙어서 너랑 속궁합이 되지게 좋겠네요, 이 새끼야. 이래? 아니잖아! 엄마. 그냥 아무 말도 안 하고 나오는 게, 내가 할 수 있는 최대한의 예의였어. 나이 먹은 게 무슨 죄야? 지는 안 먹었어? 그 새낀 사십이었어! 액면가는 오십이었고!! (너무 짜증 나서 전화 콱 끊어버리는)

전화를 끊고도
씩씩 화가 가라앉지 않는다.
골목 한가운데를 울 것처럼 서성이는데.

담벼락에 기대서서 고개를 푹 떨군 채
우는 건지. 생각하는 건지.
서 있는 여름이
점점 멀어진다.

S #46 (N - 새벽 1시 반쯤 / 해준의 오피스텔 : 해준의 침실)
; 4회 S #8 연결

덜컥 문을 열고 침실로 들어온 해준.
풀썩 침대에 앉아 가만히 앞을 보는데.

해원 O.S　(급하게) 저기.

S #47　(N - 새벽 1시 / 라디오 생방송 스튜디오 접견실)
; 4회 S #7 연결

해원　잠깐만요.

생방송 스튜디오 접견실에서
또 다른 문 쪽으로 나서려던 해준, 뒤돌아보자

해원　(약간 숨 헐떡거리며) 혹시.
해준　(보는)
해원　한여름.
해준　(보자)
해원　찾으세요?
해준　(대답 않고 가만히 보기만 한다)
해원　저 여름이랑 친했던 선배예요. 장해원이라고 합니다.
해준　(건조) 예.
해원　여름이.
해준　(건조한 눈빛으로 해원을 보고 있자)
해원　죽었어요.
해준　(놀랐지만 놀란 티는 안 난다. 침묵이 이어지는)
해원　지난주에.
해준　(조금 뜸 들이다, 이제 대답해야 한다) 그렇군요. (없는 이유 알았으니까 가야 해서, 뒤돌아서는데)
해원 O.S　저기요!

해준, 이번에는 약간 귀찮다는 얼굴로
해원을 돌아보자

해원　6년이나 지난 일이라, 그쪽은 아무 상관없다는 거 저도 잘 알고 있는데요.

해준　(보는)

해원　여름이가, 6년 내내 그쪽한테 하고 싶어 했던 말이 있어서요.

해준　알아야 되는 얘깁니까?

해원　이왕이면.

해준, 해원이를 가만히 쳐다보는데.

〈플래시 컷〉 - 4회 S #14

해준　내가 너를 불편하게 만들 것 같아?

여름　(고개 한 번 도리) 하지만 난 욕심이 많잖아. 그보다 더, 내 삶이 나았으면 좋겠어. 그래서 아마,

해준　(눈길 거두지 않고 보는데)

여름　니 옆에서 평생 불행할 거야.

S #48　(N - 새벽 1시 반쯤 / 해준의 오피스텔 : 해준의 침실)

앞을 보고 있는 해준,
화가 난 것 같으면서도 슬픈 것 같은 얼굴이다.

여름 E /　언니. 난 그 사람한테 항상.

S #49 (D - 한낮 / 여름의 거리)

한낮, 햇빛에 비친 여름의 얼굴.

여름 미안해.

S #50 (N - 새벽 1시 반쯤 / 해준의 오피스텔 : 해준의 침실)

거기까지 떠오르자
툭. 툭.
생각지도 못한 눈물이 흐르는 해준.

흐르는 눈물이 당황스러워
'뭐지?' 하는 느낌으로 눈물을 재빨리 닦아내는데

어느새 감정은 파도를 타고
후두둑후두둑 소나기처럼 눈물이 쏟아지기 시작한다.

S #51 (D / 해준의 오피스텔)
; 과거 * 여름 31세 / 해준 31세 (2011년 여름)

여름 O.S 해준아.

후두둑후두둑 비가 내리는 오후.
소파에 앉아 음악잡지를 보고 있는 해준의 바로 앞에
쭈그리고 앉아 고개를 젖힌 채 해준을 올려다보고 있는 여름.

여름　(해준을 사랑스럽게 올려다보며) 벌렁 해봐. 응? 벌렁.
해준　(음악잡지 보면서 무표정한 얼굴로 콧구멍을 벌렁- 한다)
여름　(혼자 크크크 좋아하며) 아. 좋아. 또 해봐. 또. 응?
해준　(잡지 보면서 아무렇지도 않게 또 벌렁)
여름　아. 좋아. (발 동동거리며) 나 이거 어떻게 하면 가질 수 있어?
해준　(픽 웃으며, 또 한 번 벌렁)

여름, 환하게 웃는데.

S #52　(N - 새벽 1시 반쯤 / 해준의 오피스텔 : 해준의 침실)

고개를 숙인 채 어깨까지 들썩거리며
엉엉 울고 있는 해준.

S #53　(N - 저녁 / 현진의 은행)

모두 퇴근한 은행 안에서
혼자 묵묵히 서류를 정리하는 현진.
팔락팔락 서류를 넘기다
[한여름]이란 자서 앞에서 멈추는데.

S #54 (D - 낮 / 고등학교 운동장 스탠드)
; 1회 S #36 연결
; 과거 * 여름 18세 / 현진 19세 (1998년 여름)

참고서 겉면에 꾹꾹 힘주어 [한여름]이라
제 이름을 쓰고 있는 여름.
다 쓰곤 그 옆에 있는 고3용 참고서에는 [최현진]이라 써준다.
옆에 앉은 현진이 그 모습을 물끄러미 보다

현진 내일은 뭐 해?
여름 (쓰는 데 집중하면서 말하려는) 어...
현진 햄버거 먹으러 갈래?
여름 (햄버거 얘기에 단박 거짓말) 아니요. (거짓말 후 변명 생각하는, 동글동글한 얼굴로) 저 독서실 가야 돼요, 오빠. (들킬까 얼른 참고서에 글씨 다시 쓰는데)
현진 (순순히 믿어주며) 그래? (하다가 여름의 운동화 보고) 어? 너 끈 풀렸다.
여름 ('어?' 하는 얼굴로 자기 운동화 보자)

현진이 털썩 쭈그려 운동화 끈을 묶어준다.
설레는 얼굴의 여름.

S #55 (N - 저녁 / 현진의 은행)

자서에 뭔가 체크하고 넘기는 무표정한 얼굴의 현진.

S #56 (D - 오후 / 지운의 대기업 사옥 : 혜리네 연구 2팀 회의실)

지운, 복도를 걸어가다 회의실을 흘끔 보자
그 안에서 서류 보고 있는 혜리.

지운 O.S 야. 아직도 화났냐?

S #57 (D - 대낮 / 여름·지운의 대학 벤치)
; 과거 * 여름 23세 / 지운 21세 (2003년 여름)

대학 벤치에 앉아
전공서적 펼쳐놓고 리포트 쓰고 있는 여름에게
쓱 다가간 지운인데
여름은 대답 없이 리포트만 쓴다.

지운 (약간의 애교) 야. 한여름. 아직도 화났냐구.
여름 (쓰면서, 낮고 차분) 헤어지자는 소리 함부로 하지 마. 김지운.
지운 (차분하게 말하니 쫄아서 보자)
여름 너 그게 무슨 소린지는 알아?
지운 (우물우물) 헤어지자는 게 헤어지자는 소리지, 뭐.
여름 (정색) 그건 죽을 때까지 다신 보지 말자는 뜻이야.
지운 (정색하니 무서워 가만 보자)
여름 그러니까 니가 헤어져, 하는 그 순간 나는 너한테 죽은 사람 되는 거라고. 너도 나한테 그런 사람이 되는 거구. 사람이 사람을 죽이는 일을, 그렇게 쉽게 해서 쓰겠니?

지운 (얌전한 강아지 표정으로 여름을 바라보자)

여름 이젠 장난으로라도 그런 말 하면 진짜 끝이야. 알았지?

지운 (강아지처럼 고개를 끄덕이자)

여름 대신, 나도. (어느새 부드러워진 표정으로 지운을 쳐다보는데)

여름을 진지하게, 그리고 뚫어져라 바라보는
지운의 표정.

S #58 (D - 오후 / 지운의 대기업 사옥 : 혜리네 연구 2팀 회의실)

지운이 바라보고 있는 쪽엔
혼자 회의실에 앉아 문서를 보고 있는 혜리가 있다.

지운, 용기를 낸 듯
회의실 문 노크 두어 번 하고 들어간다.

S #59 (N - 새벽 2시 5분 정도 / 지상파 라디오국 사무실)

아무도 없는 새벽의 사무실.
거기에 앉은 제훈이
휴대폰의 뭔가를 뚫어져라 보고 있는데
[한여름 작가]라 저장된 이름.

S #60　(N - 밤 / 지상파 라디오국 사무실)
; 과거 * 10개월 전 (2016년 10월)

여름　아아. 내 이름을 그렇게 저장해놨구나?

여름, 앉아 있는 제훈의 자리 옆에 서
제훈의 휴대폰에 저장된 [한여름 작가]라는 화면을 보곤

제훈　그럼 뭐라고 저장해?
여름　(약간 입 비죽이며) 그러게요.
제훈　뭐야. 삐졌어? 바꿀까? (장난기 발동) 뭘로 바꿀까? (완전 비꼬는. 일부러 귀여운 척하면서) 우리애기? 우리귀염둥이?
여름　(정색) 하지 마.
제훈　왜 아직 더 남았어. (일부러 비꼬며 귀척) 내사랑둥둥. 귀요미아꾸.
여름　(약간 욱) 하지 말라고.
제훈　야. 너 그러다 나 치겠다?

여름, 밉지 않게 흘겨보는데.

S #61　(N - 새벽 2시 5분 정도 / 지상파 라디오국 사무실)

제훈, 그 이름 가만히 한 번 만져보고는
[삭제] 버튼을 누른다.

'잘 가.' 하고 말하는 듯.

세진 O.S　아니. 래희야.

S #62　(N / 미러 지하 합주실 : 세진의 개인 작업실)

'응?' 쳐다보는 래희인데

세진　이상해. 이렇게 살면 안 되겠단 생각이... 처음으로 들었어.
래희　그 여자 때문이야?
세진　(물끄러미 보자)
래희　그 여자가 나보다 더 좋아서?
세진　아니. 전혀.
래희　(그 말에 바로 안도. 울먹 보자)
세진　니 말이 맞아. 나 그냥 이번에도 바람핀 거야. 매번 그랬듯이.
래희　그럼 세진아.
세진　그런데.
래희　(간절히 보면)
세진　너한테 다시 돌아가는 건 아닌 것 같아.
래희　(이해가 안 돼) 왜에? 내가 너를 용서하고 너도 날,
세진　내가.
래희　(보면)

<u>*3회 S #58*</u>

여름 E /　가지고 있는 물 잔을 제대로 비워내지도 못하구

<u>*〈플래시 컷〉 - 3회 S #59, 60, 61*</u>

여름 E / *새 물컵에 물을 채워버리면. 당신은 괜찮을지 모르겠지만 그 마음들은 전부 상처받아요.*

S #63 (N / 미러 지하 합주실 : 세진의 개인 작업실)

세진 니가 날 좋아하는 걸 이용해서... 너한테 매번 상처를 주니깐.

래희 (보면)

세진 이젠 안 그러려고.

래희 ('아냐. 난 괜찮아. 상처 줘.' 하는 눈빛으로 잡는) 유세진.

세진 미안해.

래희 (울 것 같은데)

세진 그동안 다. 전부 다 미안했어, 김래희.

래희, 울먹 바라보는데
세진은 가버린다.

쿵. 문이 닫히자
흑흑. 그동안 서러웠던 걸 털어내듯 우는 래희.

S #64 (N - 저녁 / 지상파 방송국 지하 출입구)

지영 O.S 오제훈 씨.

방송국 입구, 출입통제시스템에 ID 카드를 딱 대려는 순간
지영의 목소리에 휙 돌아본 오제훈.

적잖이 당황한 얼굴이 된다.

지영　(뚜벅뚜벅 제훈에게 다가가) 이제 나 아웃인가요?
제훈　(말없이 그저 쳐다보면)
지영　어제부터 내 카톡 씹기 시작했잖아, 그쪽이.
제훈　(조곤) 그건, 김지영 씨가 나한테 질문했기 때문이에요.
지영　무슨 질문이요?
제훈　우리가...... 무슨 사이냐는 질문.
지영　그걸 물어보면 안 되는 거였어요?
제훈　네.
지영　왜요?

제훈, 대답하기엔 너무 길다.
지영을 바라만 보고 있자

지영　난 오제훈 씨 좋아요. 좋아서 여기까지 온 거예요. 연락이 안 되니깐 알겠더라고. 내가 그쪽을 생각보다 많이 좋아하고 있다는 걸.

그런 지영을 물끄러미 바라보다 이윽고 한마디 하는.

제훈　솔직하시네.
지영　그래서 좋다고 한 건, 기억이나 하세요?
제훈　(잠시 침묵 뒤) 내가 그랬어요?
지영　그랬죠.

제훈 NA　**솔직한 여자가**

제훈 (픽 웃으며) 그랬군요.

지영 (함께 웃으며) 네. 그랬어요.

두 사람 웃는데.

S #65 (D – 낮 / 지운의 대기업 사옥 : 혜리네 연구 2팀 회의실)

지운 (혜리에게 애교 있게 다가가, 볼 옆 쿡 찌르며) 자기야. 아직도 화났어?

혜리 (서류 보면서. 낮고 무서운) 꺼져라.

지운 미안. 다신 안 그럴게. 응?

혜리 (서류만 보면서 중얼) 닥치고 꺼지라구.

지운 진짜야. (말하고 주변 휙 본 뒤 사람들 안 본 틈에 혜리 볼에 쪽)

혜리 (볼 만지면서 어이없이 돌아보며) 돌았니?

지운 (남자다) 또 한다.

혜리 (겁난다는 듯 주변 휙휙 보는데)

지운 (애교 모드) 다시는 헤어지자는 얘기 안 할게. 약속. 진짜로.

혜리 (어느새 풀어져 약간만 째려보며) 할 거잖아. 내가 다 알아.

지운 (완전 혀 반 접혀서) 아니야. (열사처럼) 야. 헤어지자는 말이 무슨 뜻이겠어? 이제 우리 서로 영영 보지 맙시다!! 그런 늣이잖아. 정말 무서운 말이야. 내가 그걸 매번 간과해. 멍청해서. 내가, 다신, 죽었다 깨나도 그런 말 안 해. 진짜야.

혜리 (서류 보면서) 언젠 나 성질 드러워서 못 사귀겠다며.

지운 넌 그 드러운 성격이 매력인데?

혜리 (욱) 뭐? 너 뭐라고 했냐?

지운 NA　　**불같은 여자가**

지운　대신 너도 약속 하나만 해.

혜리　(째려보면)

지운　나도 헤어지잔 얘기 다신 안 할게. 너도 나 두고 먼저 어디 가지 마. 알았지?

혜리　(좀 삐친 듯 있다가) 치. (생각해보니 좋아서) ... 알았어. (못 이기는 척 웃는데)

혜리가 웃자 그제야 환하게 웃는 지운.

S #66　(N - 저녁 / 고급 레스토랑)

현진　(더 이상 참지 못하고) 근데 그거 내숭이죠?

다시 한 번 파스타를 먹고
냅킨으로 입가를 톡톡 닦은 소개팅녀에게
참다못한 현진이 한마디 던진.

소개팅녀, 약간 날벼락 맞은 듯
'에?' 하는 얼굴로 현진을 보자

현진　제가요. (이제 나도 한 번 말해보자, 하는 느낌으로 포크 내려놓고 다리 꼬면서) 소개팅을 지금까지 한 50번 해봤거든요? 근데 하나같이 다 똑같아. 여자들이 제 앞에 앉아서 모두 다 작은 목소리로 스테이크나 파스타를 시켜요. 그리곤 (눈짓으로 소개팅녀의 포크를 가리키며) 그렇게 새알처럼 조금 떠서 한 입 먹고, 냅킨으로 입 닦고. 다시 한 입 먹고, 입 닦고. 와인 마시고, 입 닦고.

소개팅녀, 단박에 표정이 바뀌었다.
'뭐야.' 하는 얼굴로 현진을 보고 있는데.

현진　난 사실 그런 내숭이 너무 싫거든요.

소개팅녀　(포크 톡 놓으며. 여태까지와 목소리 살짝 달라지는. 실체를 들키니 에라 모르겠다, 하고 약간 따지는 느낌) 여자들이 왜, 그쪽을 앞에 두고 내숭을 떤다고 생각하시는데요?

현진　(약간 거만한 듯) 글쎄요. 그게 여우들의 본성 아닌가?

소개팅녀　(너 바보구나) 아니요. 여우들이라서 그러는 게 아니고요, 최현진 씨, 그쪽한테 잘 보이고 싶어서 그러는 건데요.

의외의 대답이다.
현진, '그게 무슨 소리야.' 소개팅녀를 보는데.

현진 O.S　왜

S #67　(N - 저녁 6시 즈음 / 여름의 아파트 단지 놀이터)
; 2회 S #4 연결
; 과거 * 여름 18세 / 현진 19세 (1998년 여름)

비에 쫄딱 젖은 현진.

현진 (원망스러운 얼굴로. 화난) 왜... 거짓말을 한 거야?

비 맞고 있는 현진 앞에 서 있는
우산을 쓴 고등학생 여름.

여름 (얘기하기 힘들 걸 꺼내듯이) ... 잘 보이고 싶어서.

현진 ('뭐?' 하는 듯 보자)

여름 그냥... 오빠한테... 잘 보이고 싶어서.

S #68 (N - 저녁 / 고급 레스토랑)

떠오르지 않았던 게 떠오른 현진.
'아차!' 하는 얼굴인데.

소개팅녀 여자도 남자랑 똑같아요. 단순해요. 좋아하는 사람 앞에선 내숭 떨게 돼 있어요. 왜? 잘 보이고 싶으니깐. 예뻐 보이고 싶으니깐. 여우들의 본성이라니. 그건, 내숭이 역겹다고 생각하는 최현진 씨의 오해 같은데요?

현진, 소개팅녀를 의미 있게 바라본다.

현진 NA **첫사랑을**

여자는 다 포기한 듯

앞에 있는 와인을 벌컥벌컥 마시는데.

S #69 (D / 해준의 오피스텔)
; 1회 S #14 연결

미팅 준비하고 나서는 해준.
달칵 현관문을 열고 나와 가려는데.
현관문 옆쪽에
어제 모습 그대로 쭈그리고 앉아 있는 소이가 있다.

해준 너... ('안 가고 여기서 밤샌 거야?' 하는 얼굴)
소이 (무릎 모으고 쭈그리고 앉은 채 해준을 올려다보며) ... 미안해요.
해준 (약간 화난) 니가 뭐가 미안한데?
소이 내가... 결혼이 싫단 오빨... 어떻게든 설득해보고 싶어서... 우리 부모님을 내세웠어. 그럼 오빠가 흔들릴까 봐. 흔들릴 것 같아서...... 내가 잘못했어요. 오빠.
해준 (점점 더 화가 나는. 잠시 보다가) 어떻게 넌.
소이 (울먹한 느낌으로 해준을 쳐다보면)
해준 ...... 지금 이 상황에서도 미안하단 말을 해.
소이 (뭉클 쳐다보면)
해준 (힘없이, 중얼거리듯) 그건 내가 해야 되는 말이잖아.
소이 오빨 놓치고 싶지 않아요. (말하는데 저도 모르게 눈물 뚝)

해준 NA **사랑을**

해준 (우는 소이를 가만히 보기만 하는데)

소이　　미안해요. (눈물이 주룩주룩 흐르기 시작한다) 미안... 가지 마. 가지 마요. 오빠...

S #70　　(N - 새벽 / 해준의 오피스텔 : 해준의 침실)
; 과거 * 여름 31세 / 해준 31세 (2011년 여름)

자고 있는 해준을 두고
집으로 가려고 채비한 여름, 방을 나서려는데.

해준　　(자다가 여름의 인기척에 눈 감은 채) 가려고?

여름, 대답 없이 '응.' 하는 얼굴로 해준을 보고만 있자

해준　　(눈 감은 채) 가지 말지.

여름, 그 말에 문득 망설이는 얼굴이 된다.

해준　　(눈 뜨고서) 가지 마라. 응?

여름, 해준을 바라보는데
그 말이 너무 간절해서 정말 가고 싶지 않은 얼굴이다.
왠지 오늘이 꼭 마지막 같다.
하지만 가야만 한다.

S #71　　(D - 오후 / 해준의 오피스텔)

소이 (주룩주룩 눈물 흘리며 해준의 옷자락 잡고) 가지 마. 오빠.
해준 (우는 소이 바라만 보면서) 울지 마.

우는 소이를 어떻게 하진 않고
바라만 보는 해준.
그래도 조금은 따뜻해진 얼굴이다.

해준 NA **사랑을**

S #72 (D - 한낮 / 여름의 집 앞 좁은 골목길)

맴맴 매미 소리 풍성하게 들리는
녹음이 우거진 골목.
그 길을
산뜻하게 걷고 있는 여자의 뒷모습이 있다.

걷다가 천천히 돌아보니
여름.
싱그럽고 물기 가득한 여름이다.

여름이 멈춰 서서 웃으며
손을 번쩍 들고
팔랑팔랑 흔들기 시작한다.

"안녕. 잘 가세요. 가서 행복하세요."

말하듯이.

그리곤 뒤돌아
다시 씩씩하게 걸어가는 여름.

뜨거운 햇살이
여름의 뒷모습을
조금씩 조금씩
덮는다.

– 끝 –

한가람 작가의 Thanks to...

드라마《한여름의 추억》은요.

이 작품을 단번에 알아봐준 우리의 진짜 여름이, 최강희 배우와
작은 역할에도 기꺼이 출연해준 이준혁 배우.

대본을 들고 다니며 결국 이렇게 이뤄내준 조상희 본부장님과
그 미비한 걸 알아봐주고 빛나게 해준 민현일 대표님.

누구라도 그 여름이를 사랑하게 만들도록 연출해준 심나연 감독님.
그리고 없는 자리를 애써 만들어
우리 모두에게
《한여름의 추억》을 선물해준 오환민 CP님과
현장에서 애쓰신 수많은 이름들.

덕분입니다.

제가 그 덕분에 '사랑이 사람을 자라게 하는 일에 대한' 이야기를
전할 수 있었습니다.

정말 감사합니다.